KIEL UND DIE KIELER FÖRDE

KIEL

UND DIE

KIELER FÖRDE

DEUTSCHLANDS SCHÖNSTE SEESTADT

HEIKENDORF-MÖLTENORT – LABOE – SCHILKSEE – SCHÖNBERG – STEIN – STRANDE

NATURIDYLLEN

BOYENS

Alle Naturaufnahmen entstanden mit größtmöglicher Rücksichtnahme ausschließlich von öffentlich zugänglichen Wegen oder Aussichtspunkten in Kiel und Umgebung.

Der Autor hat sich bemüht, alle in diesem Bildband abgebildeten Personen um Veröffentlichungserlaubnis zu bitten. Wenn dies in Einzelfällen nicht geschehen konnte, bittet er eventuell Betroffene, sich beim Verlag zu melden.

BOYENS
BUCHVERLAG

ISBN 978-3-8042-1258-9

2. Auflage 2012

 Alle Fotos und Texte: Peter Schuster

Herstellung: Boyens Buchverlag
Druck: Boyens Offset, Heide
Printed in Germany

INHALT

KIELER BUCHT
DÄN WOHLD
STRANDE
DÄNISCHEN-HAGEN
STEIN
SCHÖNBERG
LABOE
HEIKENDORF
MÖLTENORT
KNOOP
KIEL-CANAL
PROBSTEIERHAGEN
MÖNKEBERG
PROBSTEI
KIEL
SCHWENTINE
DOBERSDORF
RASTORF
MOLFSEE
PREETZ
FLINTBEK

RONDEEL – EINST TOR DER HÄNDLER UND FUHRLEUTE

Am Rondeel ist noch heute der Schnittpunkt der alten Handelswege von und nach Lübeck (B 76) und Hamburg (B 4). Ein Obelisk erinnert an die 1830–34 mit Steinen befestigte und mit Linden alleeartig bepflanzte Altona-Kieler Chaussee (im Stadtgebiet: Hamburger Chaussee). Frederik VI. von Dänemark lässt die 94 Kilometer lange, erste Kunststraße des Landes bauen. Die Reisezeit für Kutschen verkürzt sich danach um die Hälfte auf etwa zehn Stunden. Nach nur zehn Jahren bekommen die „schnellen" Kutschen Konkurrenz durch die 1844 eröffnete erste Eisenbahnverbindung des Landes – ebenfalls von Altona nach Kiel. Bis Ende des 19. Jahrhunderts entstehen in der Nähe des Rondeels für die rasant wachsende Stadt Versorgungs- und Verkehrseinrichtungen: ein Gasometer, ein Straßenbahndepot sowie östlich der Alten Lübecker Chaussee Bahneinrichtungen wie Lokschuppen mit Drehscheibe, Bahn-Verwaltungsgebäude und -Werkstätten.

Alte Lübecker Chaussee Obelisk Hamburger Chaussee

Schriftzug „Lübeck" mit Richtungspfeil auf dem Obelisken von 1834

Kreuzungen waren oft Haltestationen („Ausspann") für Kutscher, Pferde und Reisende. Um 1900 werden sie zu beliebten Speise- und Schankwirtschaften – Ausflugslokale, leicht und billig mit der Straßenbahn zu erreichen

Fördetower (links), Ende der 90er Jahre nordwestlich der Gablenzbrücke erbaut. Rechts das Provinzialgebäude mit seiner ebenfalls metallisch wirkenden Fassade

„Feuer – Wasser – Wind" (Ulrich Beier, 1980/81) – Figurengruppe vor dem Provinzialgebäude

Eckgebäude Ringstraße/Sophienblatt von 1907 – in einer Schneise der Verwüstung (1943/44) rund um den Hauptbahnhof erhalten geblieben

Der sechsgleisige Kieler Kopfbahnhof wird seit 2004 von drei wie Segel oder Spinnaker wirkenden Tonnendächern überspannt, für Kiel eine hervorragende Lösung. Integriert ist der Bauschmuck über der „Kaisertreppe“ (s. Seite 68). Der Kieler Bahnhof trägt das Gütesiegel „barrierefrei“

Hauptbahnhof von der Wasserseite (Sonnenforum) gesehen; gegenüber entsteht ein Vier-Sterne-plus-Hotel

Kiels Hauptbahnhof ist Deutschlands einziger Seebahnhof – in wenigen Minuten erreichen Passagiere ihr Schiff zu Fuß

HAUPTBAHNHOF KIEL

Am 31. Mai 1899 weiht der per D-Zug aus Berlin angereiste Kaiser Wilhelm II. Kiels neuen Hauptbahnhof ein – einer seiner zahllosen Anlässe, den Reichskriegshafen Kiel zu besuchen. Fertig wird das offiziell Staatsbahnhof genannte Gebäude in Etappen: Anfang 1900 der Mittelbau und die östlichen Teile, 1911 (zeitgleich mit dem Rathaus) der Rest, einschließlich der repräsentativen Kaisertreppe. Nach starken Zerstörungen im Zweiten Weltkrieg wird Kiels Hauptbahnhof 1950–55 weitgehend instand gesetzt, 1972 zur Segel-Olympiade modernisiert. Seit der Elektrifizierung der Strecke Hamburg–Kiel (1995) enden und starten einige ICE-Züge in Kiel. Ab 1999 erfährt der Bahnhof den größten Umbau seiner Geschichte. Zur Kieler Woche 2004 präsentiert er sich als einer der modernsten und wohl schönsten Deutschlands – rundum gelungen mit Empfangshalle, Service- und Geschäftszeilen. Von der ehemaligen „Kaisertreppe“ haben Reisende einen atemberaubenden Panoramablick auf Kiels Hafenlandschaft, Kreuzfahrt- und Fährterminals.

Hauptbahnhof. Am linken Bildrand die weltweit einzigartige Dreifeld-Zug-Klappbrücke von 1997 – rechts der SFK-Schiffsanleger

Einige Backsteingebäude auf der östlichen Seite des Sophienblatts haben den Krieg überstanden. Das klinkerexpressionistische Haus mit Staffelgeschoss in der Bildmitte ist die alte Provinzial-Zentrale von 1929 (Architekt Heinrich Hansen)

Das Neue Rathaus mit Touristinformation, Stadtverwaltung, Stadtgalerie und Post. Rechts am Bildrand das Hafenhaus, links mündet die Andreas-Gayk-Straße in den Berliner Platz. Am Bildrand die Nikolaikirche

Das Kontorhaus der Getreidehändler Bruhn von 1922/23 (Architekt Richard Janssen). Es wirkt mit seinem Staffelgiebel und Rundbogenfriesen hanseatisch und älter, als es ist. Hausfront am Sophienblatt und Hof zur Auguste-Viktoria-Straße sind handwerklich hervorragend ausgeführt und erhalten. Das Treppenhaus enthält Erinnerungstafeln der Auftraggeber und des Architekten. Unter dem Erntewagen-Relief über dem Eingang steht: „Handlung gegründet 1782 in Sieseby"

Toreinfahrt des Kontorhauses auf der Rückseite (Auguste-Viktoria-Straße)

EINKAUFSSTADT KIEL

Am 3. März 1988 eröffnet das Einkaufszentrum Sophienhof gegenüber dem Kieler Hauptbahnhof – mit rund 85 Millionen Euro eines der größten und bedeutendstes Bauprojekte des Landes. Das sofort erfolgreiche „Alles-unter-einem-Dach"-Konzept hat weitere Auswirkungen auf den klassischen Kieler Einzelhandel, vor allem in der nur wenige Gehminuten entfernten Holstenstraße. Dort und fast in der gesamten Innenstadt – mit Ausnahme der Holtenauer Straße und der Dänischen Straße – ist in der Folge die Einzelhandelsvielfalt gewichen, seit Spezialgeschäfte mit einst klangvollen Namen wie Rolfs, Kihr-Goebel, Hettlage & Lampe, Hartung, Blohm, Leopold, Foto-Schultz und Hohwü aufgegeben haben oder von Ladenketten übernommen wurden. Kiel will in den nächsten Jahren die Altstadt (Holstenstraße – Alter Markt – Schloss, in Verlängerung bis zum Ostseekai) als Pendant zum Sophienhof für neue Käuferschichten und Tagesbesucher („Raum für Bürger") umgestalten und attraktiver machen.

Kaufhaus-Kunst – schwimmende Granitkugel

Sophienhof gegenüber dem Hauptbahnhof – rechts schließt sich KARSTADT an, dahinter der Holstenplatz und die Holstenstraße

Gutachten sind optimistisch; sie schließen als kulturell belebenden Faktor einen neuen Konzertsaal („Förde-Philharmonie") in die Vorschläge ein. Positiv für die Landeshauptstadt: immer mehr Skandinavier und auch Schleswig-Holstein-Urlauber entdecken die Einkaufsstadt Kiel, ebenso zehntausende Kreuzfahrtgäste.

CITTI-Park (eigene Bus- und Bahnstation sowie Autobahnanschluss A 210 / A 215). Mit den benachbarten Häusern IKEA und PLAZA konzentriert sich im Süden Kiels eines der umsatzstärksten und attraktivsten Einkaufszentren Norddeutschlands

HOLSTENSTRASSE

Deutschlands erste Fußgängerzone wird am 12. Dezember 1953 für den Verkehr gesperrt – zunächst gegen den Widerstand der Kaufmannschaft, dann mit deren begeisterter Unterstützung, als das Konzept aufgeht. Die Achse Holstentörn–Holstenstraße–Markt wirkt noch heute ansprechend, leidet aber unter Branchenverödung und der Nähe des Einkaufsmagneten Sophienhof-Karstadt. Für die Holstenstraße mit Altem Markt und die Schlossstraße bis zum Ostseekai (mit zehntausenden Kreuzfahrt-Tagesgästen) sind Konzepte in Arbeit. Die geplante StadtRegional-Bahn (SRB) als zukunftweisende Infrastruktur würde die Innenstadt insgesamt beleben und attraktiver machen.

Flötenspieler am Holstenplatz (Karlheinz Goedtke, 1962)

Europaplatz mit Pavillons zwischen Holstenstraße und Sparkassenarena

Asmus Bremer, 1702–1720 Kiels Bürgermeister, am gleichnamigen Platz (Bronzefigur von Frauke Wehberg)

Typisch Kiel: Schiffsarchitektur trifft Stadtarchitektur (Neues Rathaus)

H&M
LIBERTY
ESPRIT
BIRKENSTOCK
Boos
T
RUNNERS POINT
engbers

Berliner Platz – links das Kaufhaus Woolworth, rechts eines der ältesten Kieler Fachgeschäfte (Ferdinand Meislahn) in der Holstenstraße

„Kieler Sprotten“ im Pflaster der Holstenstraße

Blick vom Berliner Platz über den Bootshafen bis zur Hafenskyline – einer der beliebtesten und schönsten Pausenplätze Kiels

Stena-Line – Schwedenkai (Erweiterung und Umbau bis 2010)

Color-Line – Norwegenkai

Kai-City

Kiel wird 2006 „Entente Florale“-Europachampion (Plakette am alten Rathaus) – seither auch im echten Sinne und an vielen anderen Plätzen eine blühende Stadt

Berliner Platz. Unterhalb der Fahrbahn (links) verläuft in Rohren die Verbindung vom Kleinen Kiel zur Förde. Das LEIK (Bildmitte) ist im Kern das alte Weipert-Kaufhaus von 1950. Halbrechts geht es zum Alten Markt, links zum Kleinen Kiel und Opernhaus

BERLINER PLATZ – BOOTSHAFEN

Bei der Trümmerbeseitigung entsteht bis 1951 zwischen Bootshafen und Kleinem Kiel ein „Runder Platz“. Zwei Jahre nach dem von Sowjettruppen blutig niedergeschlagenen Ostberliner Arbeiteraufstand wird er am 7. Juni 1955 in „Berliner Platz“ umbenannt – eine Demonstration der Verbundenheit Kiels mit Berlin und des festen Willens zur Wiedervereinigung als Variante des schleswig-holsteinischen „Op ewig ungedeelt“. Berliner Platz und Bootshafen sind heute beliebte Ruhepunkte im Stadtzentrum. Auch hier zeigt sich Kiels einmaliger städtebaulicher Vorzug: freier Blick auf die Hafen-Skyline, auf Fähr- und Kreuzfahrtschiffe und auf die beeindruckende „Werftlandschaft“ von HDW.

Hörn Casino (rotes Gebäude) Neues Rathaus Bootshafen Andreas-Gayk-Straße Berliner Platz

Schwertträger von Adolf Brütt (1912) – bis 1944 Zentralfigur des Rathausplatz-Brunnens

Dezember: Stadtwerke-Eisfestival auf dem Rathausplatz. Während der Kieler Woche ist hier der „Europäische Markt"

Ausschnitt aus einem der beidseitigen Wandbilder im Rathaus-Treppenhaus (L. Dettmann 1913)

RATHAUS

Nach vier Jahren Bauzeit weiht Kaiser Wilhelm II. am 12. November 1911 das von Hermann Billing entworfene neue Kieler Rathaus ein. Sein 106 Meter hoher Turm erinnert an Venedigs Campanile – eine Konzession an Wilhelms Geschmack. Im Zweiten Weltkrieg verschonen die alliierten Bomberpiloten den Rathausturm, um ihn als „Peilpunkt" für ihre weiteren Luftangriffe zu nutzen. Einschüsse und Splitterspuren sind in der Rathausfassade erhalten (s. Seite 136). Lohnend ist der Blick vom Turm auf das neue Kiel und den Hafen. Wer mag, kann dabei einen der letzten zugelassenen Paternoster benutzen. Vom Rathausbalkon wird die Kieler Woche eröffnet – oder auch mal eine THW-Meisterschaft gefeiert.

Brütts Schwerttänzerin (in der oberen Rotunde). Unten: Eingangs-Rotunde

Opernhaus zum Kleinen Kiel mit weitgehend original erhaltenem Eingang. Die Kieler Bühnen zählen zu den Großen in Norddeutschland – kein Grund, ein teures Bahnticket zu lösen und verknittert Aufführungen andernorts beizuwohnen

OPERNHAUS

Mit „Fidelio“ wird am 1. Oktober 1907 das von Heinrich Seeling erbaute Kieler Opernhaus eingeweiht. Nach dem Spielverbot für alle Bühnen fällt mit der Operette „Wiener Blut“ am 30. Juni 1944 der Vorhang des bereits schwer getroffenen Hauses. 1952 beginnt der Wiederaufbau. Kallmorgen und Zotzmann gestalten den Innenausbau modern, licht und funktional. Sie statten alle Ränge gleichwertig aus – ein Bruch mit Opernhaustraditionen. Äußerlich weitgehend dem Seelingschen Bau entspricht der Besuchereingang mit Freitreppe und drei Portalen zum Kleinen Kiel. Wiederum mit „Fidelio“ eröffnet das Haus zur Kieler Woche 1953. Zur Segel-Olympiade 1972 wird ein schwarzer Kubus als Betriebsgebäude angefügt. Kiels Opernhaus ist Spielstätte für Oper, Operette, Ballett und Musical. Zum Auftakt der Jubiläumsspielzeit (100 Jahre Theater Kiel) gibt es 2007 eine Neuinszenierung – „Fidelio“.

Fassadenschmuck am Opernhaus (teils erneuert)

Bronzefigur „Bonne fée de maison“ (T. Kanges)

Kubus-Fassade

Beliebter Mittagspausenplatz – mitten in der Stadt

Bismarck-Denkmal

Ruhebänke am Kleinen Kiel

HIROSHIMA-PARK

Sumpfige Teile des Kleinen Kiels werden seit 1862 zugeschüttet und trockengelegt. Am südlichen Ufer entsteht so ein Bauplatz für das 1907 fertiggestellte Stadttheater (heute Opernhaus). Alte Bäume aus jener Zeit spenden Schatten und schmücken den heutigen „Hiroshima-Park" – der Name soll an die Opfer des Atombombenabwurfs auf die japanische Hafenstadt am 6. August 1945 erinnern. Am Rande des Parks steht ein Gedenkstein für die von den Nationalsozialisten umgebrachten Kieler Sinti und Roma (s. Seite 136). Das Bismarck-Standbild von Harro Magnussen – 1908 aufgestellt – zeigt einem der beliebtesten Kieler Kunstwerke indigniert den Rücken: „Changing Invisibility" des dänischen Künstlers Jeppe Hein.

„Changing Invisibility": Wasserwände steigen plötzlich hoch und fallen wieder zusammen – Mutige gehen trockenen Fußes hinein und hinaus

Justizministerium (1894), das ehemalige Oberlandesgericht (heute in Schleswig)

Förde Sparkasse am Lorentzendamm (1910) – mehrfach erweitert und modernisiert

Lichtkinetisches Objekt vor der Förde Sparkasse (H. Goepfert, 1971)

Klaus-Groth-Brunnen am Kleinen Kiel (Heinrich Mißfeldt, 1912)

KLEINER KIEL

Einst war der Kleine Kiel ein sumpfig-seichtes Noor mit einer Verbindung zur Förde an der Stelle des heutigen Bootshafens. Ab etwa 1560 gibt es eine zweite Verbindung in Höhe des Schlossparks (1696 zugeschüttet). Das Noor umschließt sichelförmig den etwa 30 Hektar großen Stadtkern. Ab 1862 verändern Trockenlegungen und Begradigungen die Uferlinie. Gärten und Bebauungen schieben sich heran. Ein prominenter Anrainer ist der Dichter Klaus Groth (1819–1899). Bis zum Bau eines hölzernen Fußgängerstegs (1889) verkehrt an der engsten Stelle ein Fährboot. Legendär ist die Fährfrau „Mutter Bahr" – in ihrem Lehnstuhl sitzend lugt sie am unteren Ende der Fährstraße (heute Legienstraße) mit einem Fernrohr nach Kundschaft. Oft rudert sie Matrosen, die zurück in ihre Kaserne müssen. 1909 überspannt eine Eisenbetonbrücke den Kleinen Kiel; 2001 wird sie durch die Emil-Lueken-Brücke ersetzt (Lueken war als Kiels legitimer Bürgermeister 1933 von den Nationalsozialisten abgesetzt worden). Von der Brücke und den Ufern des Kleinen Kiel gibt es phantastische Ausblicke auf wasserspiegelnde Bau- und Kunstwerke.

Nikolai-Kirche Jensendamm HSH Nordbank Hinter dem Segelbootmodell die wind- und wasserbewegten „Segel" von Ulrich Behl

Das Gewerkschaftshaus in der Legienstraße – die Fassade hat schöne, florale Stuckelemente

Denkmal „Wik“ für den Matrosenaufstand 1918 – gesenkte oder unbrauchbar gemachte Geschützrohre assoziierend (Hans-Jürgen Breuste, 1982)

GEWERKSCHAFTSHAUS – REVOLUTIONSZENTRALE 1918

Nachdem meuternde Teile der Hochseeflotte von Wilhelmshaven nach Kiel verlegt worden sind, kommt es hier in den ersten Novembertagen 1918 zu blutigen Auseinandersetzungen um die Befreiung inhaftierter „Meuterer“ und um die Beendigung des Krieges. Kiels Gewerkschaftshaus wird zum Zentrum des Aufstandes der Matrosen. Arbeiter- und Soldatenräte übernehmen die politische Führung in Kiel. Bald springt der Funke auf andere deutsche Städte über. Am Ende muss der Kaiser abdanken, der Erste Weltkrieg wird beendet und in Berlin die erste Deutsche Republik ausgerufen. Die Kieler Ereignisse – kein Verrat, kein „Dolchstoß“, sondern die wohl mutigste Friedensinitiative durch zivilen und militärischen Widerstand in der deutschen Geschichte.
Das Gewerkschaftshaus ist heute u.a. Sitz der Gewerkschaft ver.di.

4. November 1918: kaisertreue Soldaten schießen in die Menge. (Gedenktafel des AWO-Landesverbandes am Originalort Langer Segen und Feldstraße)

Gräber und Gedenkstein für die zivilen Opfer des Matrosenaufstandes von 1918 auf dem Friedhof „Eichhof“. Hier sind auch etwa 40 zivile Opfer des Kapp-Putsches in Kiel (vom März 1920) bestattet

Bei der Markt-Umgestaltung 1970 freigelegte Backsteingewölbe (links und in der Bildmitte unterhalb des Bauzauns). An dieser Stelle stand das Alte Rathaus. Heute hätte man den Alten Markt sensibler gestaltet, vorhandene Reste erhalten und integriert

Ernst Barlachs „Geistkämpfer" von 1928 (seit 1954 vor der Nikolaikirche aufgestellt)

ALTER MARKT

Über Jahrhunderte, bis zum Aufstieg zum Reichskriegshafen 1871, ist Kiel eine eng bebaute Kleinstadt. Im Zentrum der Markt mit Kirche, Rathaus, Ständen, Kontor- und Wirtshäusern. Nur vier Jahrzehnte später eröffnet die Stadt als zwingende Folge des rasanten Wachstums auf über 200.000 Einwohner ein neues, großes Rathaus – weit außerhalb des historischen Stadtkerns. Mit der Rathaus-Einweihung 1911 verliert der Alte Markt seine zentrale Bedeutung. Am 13. Dezember 1943 vernichten Bomben das alte Rathaus, am 22. Mai 1944 die „Persianischen Häuser". Damit verliert Kiel seine letzten, historisch wertvollen bürgerlichen Bauten am Alten Markt. Bei der Umgestaltung 1972 werden Reste (Backstein-Kellergewölbe) überbaut. Auch auf die Würde der Nikolaikirche, die nach räumlicher Distanz verlangt, nimmt die Bebauung wenig Rücksicht.

KIELER KLOSTER

Etwa zeitgleich mit der Stadt lässt Graf Adolf IV. von Schauenburg ein Kloster bauen. Ab 1245 bis zu seinem Tode 1261 lebt er dort als Franziskanermönch. 1530 wird das Kloster der Stadt übergeben, die dort ein Alten- und Pflegeheim und vier Jahre später eine Lateinschule einrichtet (Vorläufer der Gelehrtenschule). 1555 werden die Klosterräume als Herberge genutzt und 1665 – nach Gründung der Kieler Universität – als Lehr- und Arbeitsräume. Die Klosterkirche wird Universitätskirche. Noch im 18. Jahrhundert müssen baufällige Teile des Klosters abgebrochen werden. 1903–04 wird die Klosterkirche (Heiligengeistkirche) umgebaut und ein Turm angefügt. Bis auf diesen Turm, Teile des Kreuzganges und das mittelalterliche Gewölbe wird das Kloster im Zweiten Weltkrieg zerstört.

Statue von Karl-Henning Seemann vor dem Kloster (2005): Adolf IV. im Wandel vom Ritter zum Mönch. Der Turm zeigt auf halber Höhe Spuren alter Dachanschlüsse und Beschussnarben aus dem Zweiten Weltkrieg

Klosterkirchturm und Turm der benachbarten Nikolaikirche (im Hintergrund)

Grabplatten-Fragmente (aus Klostertrümmern geborgen) im neu gestalteten Klostergarten

1950 beginnt der Wiederaufbau. 1994 gelingt es, Kreuzgang und Refektorium das mittelalterliche Aussehen zurückzugeben. Seit 1999 erklingt vom Klosterturm ein von Kieler Bürgerinnen und Bürgern gespendetes Carillon. Die fünf vollen Oktaven der 50 Glocken haben internationalen Standard. Der historische Klosterkomplex ist zu einem der Schmuckstücke Kiels geworden – nur wenige Schritte vom Markt und einer weiteren Sehenswürdigkeit, der Nikolaikirche, entfernt.

Glasfenster von Heinz Lilienthal (1956) – Coventry-Kreuz
s. Seite 137

NIKOLAIKIRCHE

Spätestens 1242 gibt es im Umkreis des heutigen Alten Marktes neben dem Franziskanerkloster eine Kirche. Es ist ein dreijochiges Backstein-Langhaus mit dreiseitig freistehendem Turm. Etwa 100 Jahre später erhält St. Nikolai nach dem Vorbild der Lübecker Petrikirche ein wesentlich erhöhtes Dach (mit Dachreiter), unter dem ein durchgängiger gotischer Langchor entsteht. Der ebenfalls erhöhte und jetzt vom Dach teilumschlossene Turm mit Spitzdach und vier angefügten Ecktürmchen bestimmt seither Kiels mittelalterliches Stadtbild. 1878–84 erfolgt eine neugotische Überformung. Die wertvolle Innenausstattung kann im Zweiten Weltkrieg in Sicherheit gebracht werden: der Flügelaltar (1460), das Triumphkreuz (1490), das Bronze-Taufbecken von Hans Apengeter (1344), das Rantzaugestühl

(1543), die barocke Kanzel (1705) sowie einige wertvolle Epitaphien. Nach vollständiger Zerstörung am 22. Mai 1944 erfolgt in den 1950er Jahren der Wiederaufbau nach Plänen des Architekten Gerhard Langmaack. Heute ist St. Nikolai ein vielbesuchter Ort der Sammlung und Einkehr. Kiels Hauptkirche am Alten Markt, am Ende der lebhaften Holstenstraße, ist ständig geöffnet.

Mose mit den Tafeln der Zehn Gebote ist die tragende Figur der barocken Kanzel von Theodor Allers (1706). Der 1460 von den Ahlefeldts für das später aufgelöste Franziskanerkloster gestiftete Altar stammt von einem unbekannten Meister der Lübecker Schule

Für den spröden Schlossneubau von 1961–65 mit seiner unpassenden Passage zum Rantzau-Bau von 1697 (links) gibt es Umbaupläne, die Konzertbesucher, Kreuzfahrtgäste wie Tagestouristen berücksichtigen. Kieler favorisieren einen Entwurf (Architekt Erhart Kettner), der sich an das historische Aussehen anlehnt. Hier könnte die bedeutende deutsch-dänisch-russische Geschichte Kiels konzentriert werden, ebenso das Revolutionsgeschehen von 1918 und die Rolle der Marinestadt Kiel als Hauptzielhafen und Organisationsplatz der größten Rettungsaktion aller Zeiten (Flucht über die Ostsee '45 – s. Chronik)

„Lauschende" von Gustav Seitz (1967) – Klänge einer Förde-Philharmonie?

DÄNISCHE STRAßE – SCHLOSS

Kiels Vorzeigestraße südwestlich des Schlosses – einst das Tor nach Norden, nach Dänemark und dessen Grenzregion, dem Dänischen Wohld. Von Zerstörungen im Kriege verschont, sind die meisten Häuser in der Dänischen Straße zwar nicht alt, aber höchst ansehnlich erhalten und gepflegt. Zu verdanken ist dies in erster Linie der Kaufmannschaft, der es gelungen ist, die Straße wie eine Marke aufzuwerten. Hier macht es Spaß, zu bummeln, Schaufenster zu gucken und im Kieler Stadtmuseum die Historie zu erkunden. Hier ist der Name Altstadt berechtigt – eine Visitenkarte, die tausende internationale Kreuzfahrtgäste, die in der Saison am Ostseekai ihr Schiff liegen haben, gerne akzeptieren.

„Kilia" von Ed. Lürssen schmückte von 1890–1923 den Kiliabrunnen im Schlosshof – seit 1977 ist sie als Schenkung wieder in Kiel

Dänische Straße in Richtung Alter Markt gesehen – rechts das Kieler Stadtmuseum Warleberger Hof

Spätbarocker Eingang (Sandstein und Eichenholz)

Adelshaus Warleberger Hof, erbaut 1616. Die Fassade wurde 1909 um fünf Meter zurückversetzt

Mauerwerk des Warleberger Hofes an der Südseite

KIELER STADTMUSEUM – WARLEBERGER HOF

Das Stadtmuseum befindet sich im ältesten noch erhaltenen Adelshaus aus dem frühen 17. Jahrhundert inmitten der Kieler Altstadt. Sehenswert sind das Mauerwerk mit dem original erhaltenen Sandsteinportal und die historischen Räume mit Gewölbekeller. In den drei Geschossen des Warleberger Hofes werden Wechselausstellungen zu stadt- und kulturgeschichtlichen Themen des 19. und 20. Jahrhunderts sowie kritische Grafik und Kunsthandwerk gezeigt.

Kieler Feinkeramik „Nereide auf dem Delphin“ von Hans Laubner (wohl 1927) – Exponat der Dauerausstellung „Kieler Kunstkeramik“

Wandmalerei (Ausschnitt) über einer Innen-Doppeltür

Barocke Stuckdecke des frühen 17. Jahrhundert aus dem Bürgermeister-Gude-Haus (einst Markt 21) – nach Abriss seit 1906 im Thaulow-Museum, nach dessen Zerstörung im Stadtmuseum

Sandstein-Portalschmuck

SCHIFFFAHRTSMUSEUM

In der ehemaligen Fischhalle von 1909 (Architekt Georg Pauly) zeigt das Kieler Schifffahrtsmuseum Objekte aus der langen Geschichte der Seestadt Kiel und ihrer maritimen Verbindungen: Seestücke, Galionsfiguren, Schiffbaudetails sowie nautisch-technische Instrumente „Made in Kiel" (darunter ein Original-Behm-Echolot und ein Anschütz-Kreiselkompass). Unter den Schiffsmodellen ist der in Kiel gebaute „Brandtaucher", ältestes Unterseeboot der Welt. Die Ausstellung zeigt riesige Marinebilder, Fotos von der Kanaleröffnung 1895, von Kieler-Woche-Ereignissen sowie spektakuläre Momentaufnahmen klassischer Yachtrennen. Über hundert Jahre alte Alltagsgegenstände wie der einst beliebte „Kieler Knabenanzug" oder eine Gaardener Werftarbeiter-Wohnküche versetzen in vergangene Zeiten.

Büste des U-Boot-Konstrukteurs Wilhelm Bauer („Brandtaucher" von 1850) vor dem Schifffahrtsmuseum

Wadenboot „Beeke Sellmer" (Heimathafen: Museumshafen Laboe)

Sellspeicher NDR Schifffahrtsmuseum Konzertsaal im Schloss Schloss Schlosspark

Drei Oldtimer-Schiffe liegen an der Kieler Museumsbrücke: der Seenotrettungskreuzer „Hindenburg“ (1944), das Feuerlöschboot „Kiel“ (1942) und der fahrfähige Tonnenleger „Bussard“ von 1905

Dazwischen das 2002 nach historischem Vorbild nachgebaute Wadenboot mit Spriettakelung „Beeke Sellmer“, wie es ab 1857 von der gleichnamigen Laboer Fischersfrau als Fracht- und Passagierboot zwischen Laboe und Kiel eingesetzt war. Eigentlich fehlt hier noch ein Ellerbeker Fischerkahn und ein Kurenkahn (Flüchtlingsschiff)

Kieler Hansekogge (1380 / 1991)

TRADITIONSSCHIFFE – HEIMATHAFEN KIEL

In der Landeshauptstadt ist eine kleine Flotte fahrtüchtiger Traditionsschiffe beheimatet. Älteste sind entgegen der Erwartung Dampfschiffe: der Tonnenleger „Bussard" von 1905 und der gleichaltrige Raddampfer „Freya" der Westerländer Reederei Sven Paulsen. „Bussard" ist dank eines Vereins wieder fahrfähig und verlässt ab und zu unter Dampf seinen Liegeplatz am Schifffahrtsmuseum. „Freya", ein in Holland gebautes Schiff mit bewegter Geschichte, liegt malerisch am Bahnhofskai und unternimmt fast ganzjährig nach Fahrplan oder in Charter Gästefahrten in den Kiel-Canal oder zu anderen Häfen. M/S „Stadt Kiel" verkörpert Kieler Hafendampfer-Tradition und weckt bei vielen älteren Kielern Erinnerungen. Das 1934 in Kiel gebaute Schiff hat seinen Liegeplatz an der Seegartenbrücke. Es kann über die Touristinformation Kiel für Gesellschaftsfahrten gebucht werden; beliebt sind Trauungen auf See. Seit 1983 ist ein 1930 in Holland gebauter Dreimast-Toppsegelschoner in Kiel beheimatet und als „Thor Heyerdahl" in Fahrt. Mit fast 50 Metern Länge bietet das Schiff Platz für 34 Mitsegler (Teilnahme an Regatten, Erlebnispädagogik für Schulklassen). „Thor Heyerdahl" war auch schon Führungsschiff der Kieler Windjammerparade. Jüngstes Kieler Schiff ist das vom Typ älteste: der Nachbau einer Bremer Hansekogge von 1380 durch den Verein „Jugend in Arbeit Kiel e.V." – 1988 begonnen, setzt die authentisch wirkende Kogge 1991 erstmalig ihre schweren Segel (siehe auch Foto auf Seite 59)

„Thor Heyerdahl" (TS G 342) wurde 2009 bei HDW von Grund auf saniert

Traditionsschiff und technisches Kulturdenkmal: M/S „Stadt Kiel“ an der Seegartenbrücke neben dem Schifffahrtsmuseum und in voller Fahrt als Regattabegleitschiff während der Kieler Woche. Mit seiner gemütlichen Salonausstattung und der maritimen Atmosphäre wird der Oldtimer gerne für Veranstaltungen gebucht. Das Schiff ist mit seiner MaK-Maschine von 1954 immer noch 11,5 Knoten schnell – es könnte mit den modernen Nachfolge-Fahrgastschiffen mithalten

Mit seiner Original-3fach Expansions-Dampfmaschine (540 PS) bringt es „Bussard“ auf knapp 12 Knoten. Seit 2007 sticht der alte Tonnenleger im Sommerhalbjahr mit bis zu 50 Fahrgästen in See (Buchungen über den Verein)

„Freya“ auf der Fahrt zu ihrem Liegeplatz am Bahnhofskai, wo schon die Gäste warten

HDW - THYSSEN KRUPP

Seit Januar 2005 sind die Kieler Howaldtswerke-Deutsche Werft GmbH Teil des Werftverbundes ThyssenKrupp Marine Systems. Deutschlands größte und innovativste Werft ist HDW in Kiel mit rund 2400 Mitarbeitern.

Containerfrachter (links), Schiffbauhalle

Luxusyacht „A“ (Projekt Sigma) – unten

Der Kriegs- und Sonderschiffbau ist eine Säule der Werftauslastung (kleines Foto: U-Boo

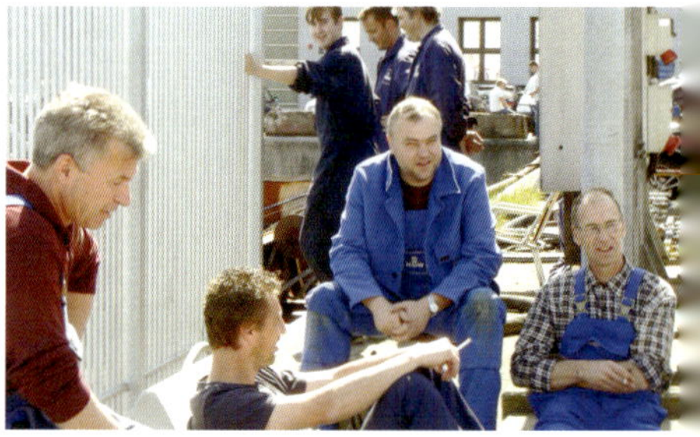

„Fofftein“ – HDW-Mitarbeiter

Containerschiff

Superfast-Fähre / unten: LNG-Flüssiggastanker

Den Weltruf ihrer Werft erarbeiteten Generationen Kieler Schiffbauer mit dem Bau zukunftweisender Schiffe: 1851 erstes tauchfähiges U-Boot der Welt; 1908 erstes deutsches U-Boot-Hebeschiff; 1911 Einbau des ersten Dieselantriebs; 1950 Umbau von Tankern zu Walfangschiffen; 1953 Supertanker „Tina Onassis" und Yacht „Christina Onassis" (aus einer kanadischen Korvette); 1970er Jahre größte Tanker und größte Containerschiffe der Welt; erste lukendeckellose Containerschiffe der Welt; 1968 Übergabe des Atomfrachters „Otto Hahn"; 1982 Polarforschungsschiff „Polarstern"; 1998 Ablieferung des als Fernseh-Traumschiff bekannten M/S „Deutschland"; 2003 Mega-Yacht „Octopus"; 2004 „U 31" (modernstes Brennstoffzellen-U-Boot der Welt); 2008 Mega-Yacht „A" des russischen Milliardärs Andrey M.

Schiffssegment am Haken eines der stärksten Portalkräne der Welt, dem 900 t-Kran über dem HDW-Baudock 8a

SCHLOSSGARTEN

Kiels ältester Garten entsteht im 15. Jahrhundert. Mitte des 17. Jahrhunderts ist er als Renaissance-„Lustgarten“ überliefert. Schlossherren lassen ihn zum Barock-, später (1839) zum romantischen Englischen Landschaftsgarten umgestalten. Die ältesten Bäume stammen aus dieser Zeit. Als Hofgarten ist er bis 1864 alleiniges Privileg der Schlossbewohner, erst danach allen Kieler Bürgern zugänglich. Der heutige Schlossgarten ist keine Oase der Ruhe wie der Schrevenpark; er ist vom Verkehr umbrandet. Einst reichte er bis ans Fördeufer, wo heute der vielbefahrene Düsternbrooker Weg verläuft und der Ostseekai gebaut wurde. Dennoch ist der Schlossgarten reizvoll: der gepflegte Park enthält bemerkenswerte Kunstwerke – und er eröffnet überraschende Ausblicke auf Kreuzfahrtschiffe und Hafen.

Bronzeskulptur „Dem Kieler Werftarbeiter“ (W. Rössler, 1959)

Das 1879 eingeweihte Denkmal zur Erinnerung an die Gefallenen des Krieges 1870/71. Es wurde zum Teil durch Spenden finanziert. Der halbkreisförmige Bau stammt vom Kieler Architekten Heinrich Moldenschardt

„Aufbruch“: detaillreiche Darstellung, wie Männer 1870 in den Krieg ziehen – Fries des Berliner Bildhauers Rudolf Siemering

Provinzialdenkmal Kaiser Wilhelm I. (Adolf Brütt, 1896) im Schlossgarten. Links die Nikolaikirche

Kunsthalle zu Kiel

Daniel Richter: „Billard“

Windbewegtes Objekt I
(Hein Sinken, 1972)

KUNSTHALLE

Die Kunsthalle zu Kiel wird 1907–09 von dem Architekten Georg Lohr erbaut. Sie ist das einzige deutsche Museum in Meereslage. Als eine in der Christian-Albrechts-Universität (CAU) verankerte Institution des Landes Schleswig-Holstein ist sie seit ihrer Gründung 1855 eng mit dem Schleswig-Holsteinischen Kunstverein verbunden. Bis zu zehn thematische Wechselausstellungen im Jahr, die wissenschaftliche Begleitung und der Aufbau einer auf jährlichen Zuwachs hin angelegten Sammlung zeitgenössischer Kunst gehören ebenso zur Philosophie des Hauses wie der kreative Umgang mit dem gewachsenen Bestand von 1000 Gemälden aus sechs Jahrhunderten, 200 Skulpturen, 40.000 graphischen Werken sowie der von Professor Peter Wilhelm Forchhammer im 19. Jahrhundert begründeten Antikensammlung. Der partnerschaftliche Austausch mit Kunstinstitutionen, Kuratoren und Künstlern weltweit macht die Kieler Kunsthalle zu einem international geschätzten Kooperationspartner. Der Enthusiasmus des Stifterkreises beim Aufbau und Erwerb von Werken der jungen Avantgarde sichert bis heute die Kontinuität dieses zeitlosen, sich stets selbst verjüngenden Sammlungskonzepts.

Gruppe des Laokoon mit seinen Söhnen
Diskobol des Myron

Knurrhahn

Nagelrochen

Seepferdchen

Heringsschwarm

Seehund

IFM-GEOMAR

Die Stiftung Leibniz-Institut für Meereswissenschaften an der Universität Kiel (IFM-GEOMAR) bearbeitet interdisziplinär und international alle wichtigen Bereiche der Meeresforschung von der Geologie des Meeresbodens bis zur maritimen Meteorologie. Forschungsschwerpunkte auf allen Weltozeanen sind: Ozeanzirkulation und Klimadynamik, Marine Biogeochemie, Marine Ökologie und Dynamik des Ozeanbodens. Hinzu kommen der Exzellenzcluster „Ozean der Zukunft“ sowie die Sonderforschungsbereiche „Volatile und Fluide in Subduktionszonen“ und „Klima-Biogeochemische Wechselwirkungen im tropischen Ozean“ der Deutschen Forschungsgemeinschaft. IFM-GEOMAR verfügt über eine leistungsfähige Infrastruktur: vier Forschungsschiffe, das einzige bemannte deutsche Forschungstauchboot JAGO, das ferngesteuerte Unterwasserfahrzeug ROV Kiel 6000,

Forschungsschiff „Alkor“ navigiert in der Schwentinemündung (im Hintergrund die Landesregierung)

Meeresforschung braucht gute Schiffe und handfeste Seemannschaft

IFM-GEOMAR (Standort Westufer) an der Kiellinie. Im Hintergrund der Turm der Pauluskirche (1882–1908 erste Kieler Garnisonkirche)

IFM-GEOMAR (Standort Ostufer) an der Schwentinemündung. Rechts schließen sich Gebäude des Seefischmarktes an (heute von marin-maritimen Betrieben und vom IFM-GEOMAR genutzt)

den Tauchroboter ABYSS, meerestechnische Großgeräte, moderne Labore, ein öffentliches Aquarium (an der „Kiellinie") sowie umfangreiche meereswissenschaftliche Bibliotheken und IT-Services. Die Wissenschaften der Meeresforschung, Zoologie und Ökologie sowie die naturwissenschaftliche Pädagogik wurden Ende des 19. Jahrhunderts im Gebäude des (heutigen) Zoologischen Museums Kiel an der CAU entwickelt. Gründungsort war die Villa Niemeyer an der Kieler Förde bei Mönkeberg.

Plakette auf einem Findling am Gründungsort Villa Niemeyer (1943 zerstört) am Ufer des Fördewanderweges

IFM-GEOMAR an der Schwentinemündung (Architektur von der Landseite)

Landeshaus mit 2003 angefügtem flaschengrünen Plenarsaal

Seeseitig am Wissenschaftsministerium Reliefs …

„Meteor" – unter Fritz Thiedemann das erfolgreichste Springpferd der Welt (Statue von Hans Kock, 1957)

… und landseitig eine Weltkugel als Portikusspitze

LANDESHAUS

1888 errichten die Architekten Krafft und Lübbert ein monumentales, dreistöckiges Backsteingebäude als Militärakademie für die Kaiserliche Marine. 1949 erfolgt der Umbau zur Landesverwaltung; dabei werden zahlreiche Kriegsschäden beseitigt und Stilelemente entfernt. Seit dem 3. Mai 1950 wird das Gebäude als Parlament genutzt – als einziger deutscher Regierungssitz am Meer. Dessen Lage an Nordeuropas längster Seepromenade wäre eines künftigen Nordstaat-Regierungssitzes mit bewusster Ausrichtung nach Skandinavien, den baltischen Staaten und Russland würdig. Vor der nördlich vom Landeshaus gelegenen Staatskanzlei ist dem berühmtesten Holsteiner Springpferd, Meteor (1943–1966), ein Denkmal gesetzt. Unter Fritz Thiedemann (1918–2000) aus Heide war Meteor mehrfacher Olympiasieger. Das südlich vom Landeshaus gelegene Ministerium für Wissenschaft, Wirtschaft und Verkehr (Architekt G. R. Hense, 1940) war ursprünglich Marine-Intendantur. Für das Baujahr trägt das Gebäude – äußerlich im Stile der NS-Zeit – bemerkenswert üppigen Bauschmuck.

Das Landeshaus von Osten über die Schwentinemündung gesehen, links das Wissenschaftsministerium. Raddampfer „Freya" passiert Richtung Außenförde

„Geistkämpfer“ (Ernst Barlach, 1928) – Detail

„Mann“ (Bjørn Nørgaard, 1984) – Detail

„Seewind“
(Brigitte und Martin Matschinsky-Denninghoff, 1989)
– an idealem Standort vor Kiels Hafenskyline

Kiel ist reich an wertvollen Kunstwerken (über 120). Einige würden an anderer Stelle in der Stadt besser zur Geltung kommen

Fotografiert etwa von dem Punkt, an dem der Kieler Signalturm von 1913 bis zum Abriss 1958 stand. Das Becken war 1936 Olympiahafen

Institut für Weltwirtschaft – 1901 als Hotel (Kruppsches L haus) neben dem Kaiserlichen Yacht Club erbaut, seit 19

INSTITUT FÜR WELTWIRTSCHAFT (IFW)

Das 1914 in Kiel gegründete Institut für Weltwirtschaft (IfW) ist eines der großen Zentren weltwirtschaftlicher Forschung, wirtschaftspolitischer Beratung, ökonomischer Ausbildung und wirtschaftswissenschaftlicher Dokumentation. Der Öffentlichkeit sind vor allem IfW-Konjunkturprognosen ein Begriff. Es ist der Christian-Albrechts-Universität (CAU) zu Kiel angegliedert, ohne ein von ihr zu sein; und es gehört der Wissenschaftsgemeinschaft Gottfried Wilhelm Leibniz an, die Institute und Serviceeinrichtung von überregionaler Bedeutung vereint. Seit dem 1. Januar 2007 ist das IfW unabhängige Stiftung des öffentlichen Rechts des Lan Schleswig-Holstein. Hauptaufgabe ist die Erforschung innovativer Lösungsansätze für weltwirtschaftliche Probleme als Beratungsgrundlage für Politik, Wirtschaft und Gesellschaft. Dazu pflegt das IfW ein Netzwerk aus nationalen und internationalen Experte deren Forschungsarbeiten in die IfW-Forschungs- und Beratungsaktivitäten einfließen. Das Kieler Institut fördert die ökonomisc Aus- und Weiterbildung und kooperiert eng mit der weltgrößten wirtschafts- und sozialwissenschaftlichen Bibliothek ZBW.

Deutsche Zentralbibliothek für Wirtschaftswissenschaften (Architekten Lom & Partner, 2001) – der Erweiterungsbau zum IfW enthält 2,5 Millionen Bücher und Magazine in 45 Kilometern Regale

IfW

KIELER YACHT CLUB (KYC)

Ein 1887 von Marineangehörigen gegründeter „Marine-Regatta-Verein" darf sich ab 1891 „Kaiserlicher Yacht Club" (KYC) nennen. 1893 verleiht ihm der segelbegeisterte Wilhelm II. einen Stander. 1900 hat der KYC 1410 Mitglieder. Die Industriellenfamilie Krupp, durch die Germania-Werft mit Kiel verbunden, überlässt 1900 dem KYC eine Dependance neben ihrem „Hotel See-Badeanstalt" (heute IfW) für eine Jahresmiete von einer Goldmark. Davor entsteht ein Yachthafen (Olympiahafen von 1936, heute Sporthafen Düsternbrook). 1910 wird die KYC-Jugendabteilung gegründet. Mit Kriegsbeginn 1914 wird das Segeln eingestellt, das Clubhaus Reservelazarett. 1919: fast das gesamte Vereinsvermögen ist durch Kriegsanleihen verloren. Ein altes Maschinenhaus wird zeitweilig Clubhaus. Mit Unterstützung von Gustav Krupp von Bohlen und Halbach kann der KYC ein neues Clubhaus bauen. 1936 richtet Kiel die olympischen Segelwettbewerbe aus. Der KYC ist (wie 1972) Hauptorganisator. 1940 wird das Clubhaus beschlagnahmt, das Segeln eingeschränkt. 1946 und 1947 veranstalten britische Marineoffiziere eine „British Kiel Week" – ohne Deutsche. Erst 1948 gibt es wieder eine Kieler Woche: der KYC darf Flagge zeigen. 1951 besucht Bundespräsident Theodor Heuss den KYC und segelt mit der Jugend. Seither werden wieder internationale Meisterschaften und Regatten in Kiel und vom KYC ausgerichtet, dem renommiertesten deutschen Yachtclub – bereit für eine dritte Segelolympiade in Kiel.

Sporthafen Düsternbrook (der Olympiahafen von 1936) Blickrichtung Innenförde

Original Olympische Ringe von 1936 am Stegtor

Hindenburgufer

Alfried-Krupp-Haus (vor 2009) über den Olympiahafen von 1936 („Millionärsbecken") gesehen

Büste von Alfried Krupp von Bohlen und Halbach – aktiver Segler und Bronzemedaillengewinner 1936 (8-m-Rennyacht „Germania III")

Segelschulschiff „Cisne Branco“ (Brasilien) Hindenburgufer (Promenade) Tirpitzmole (im Hintergrund: Scheermole)

HINDENBURGUFER – MARINEHAFEN – GORCH FOCK

Am Ende des kilometerlangen Hindenburgufers, Nordeuropas längster Seepromenade, liegt der Tirpitzhafen. Das von Tirpitz- und Scheermole zangenförmig eingefasste Hafenbecken wurde 1939 fertiggestellt und inzwischen mehrfach modernisiert. Kiel ist größter deutscher Marinestützpunkt für schwimmende Einheiten an der Ostsee. Der Einsatzstab der Einsatzflottille 1 in Kiel verfügt über alle Schnellboote, U-Boote, Minenabwehrfahrzeuge sowie spezialisierten Einsatz- und Marineschutzkräfte der Deutschen Marine. In Kiel-Wik sind Trossschiffe und das 3. und 5. Minensuchgeschwader beheimatet. Die etwa 500 Meter lange Tirpitzmole ist auch Liegeplatz des 1958 in Hamburg gebauten Segelschulschiffs „Gorch Fock“. Auf den Auslandsfahrten der Dreimast-Bark erhalten Offiziers- und Unteroffiziersanwärter eine seemännische Ausbildung für ihren späteren Dienst. Am Marinehafen steht der 1943 fertig gestellte „Flandernbunker“. Der dreigeschossige Hochbunker war Flugabwehr- und Notkommando-Zentrale des Kriegsmarinehafens. Seit 2001 nutzt der Kieler Verein „Mahnmal Kilian e.V.“ den unter Denkmalschutz stehenden Bunker als Gedenkstätte für Ausstellungen, Führungen und als Bühne für Aufführungen mit historischem Bezug.

Seebadeanstalt am Hindenburgufer Außenförde Laboer Ehrenmal

„Gorch Fock“ M646 und M641 Minensucher (F) Fregatte Privatyachten

Flandernbunker

„Gorch Fock“ inmitten einer großen Windjammerparade vor Kiel. Sicherungsschiffe der Marine begleiten die Armada. Foto links: Bug der „Gorch Fock“

Skulptur „Hafen 77“ – Stiftung des Reeders Sten Allan Olsson zum zehnjährigen Bestehen der Stena Linie Kiel–Göteborg (Felix Fehlmann, 1977)

In der Nähe des Ostseekais erwarten Kreuzfahrtgäste „fußläufig“ einige Attraktionen: Stadt- und Schifffahrtsmuseum, Kunsthalle, Zoologisches Museum, Alter Botanischer Garten, Hafendampfer und das Aquarium von IFM-GEOMAR an der Kiellinie.

Südliche Ansicht des Ostseekais – Eingänge (insgesamt acht) befinden sich auf beiden Seiten des Ostseekais

KIEL – DER BALTISCHE KREUZFAHRTHAFEN

Kiels Cruise Terminal Ostseekai – fast im Stadtzentrum – ist einer der modernsten und beliebtesten Europas. Für die Passagiere bequem (in Abfertigung und Erreichbarkeit mit ICE, Bus oder Auto), für Reedereien und Kapitäne sicher (Kiels windgeschützter, tidenfreier Tiefwasserhafen hat einen legendären Ruf). Die Landeshauptstadt hat sich als idealer Start- und Zielhafen für Nordeuropa-Kreuzfahrten und perfekter Anlaufhafen während einer Kreuzfahrt bewährt. Jährlich legen hier weit über 100 Kreuzfahrtschiffe mit über 200.000 Passagieren an; bis annähernd 15.000 Passagiere werden an einem Tag in Kiel ein- und ausgeschifft. Künftige Kreuzfahrtschiffe mit einer Tonnage von über 100.000 BRZ (noch um ein Viertel größer als die Color-Line-Schwesterschiffe) sind für Kiel kein Problem – der naturtiefe Hafen ist der wohl leistungsfähigste der westlichen Ostsee, was noch ungenutzte Kapazitäten und mögliche Ausbaustufen betrifft.

An- und Ablegen wie ein Uhrwerk: Sartori & Berger-„Fastmooker“

Fernmeldeturm Kiel (224 Meter) - Schleswig-Holsteins höchstes Gebäude

Norwegenkai Gablenzbrücke Schwedenkai Sartorikai Museumshafen/Sellspeicher Ostseekai NDR

Ankunft und vorbildliche Betreuung der Kreuzfahrtgäste in Kiel

Stammgast: Mediterranean Shipping Company (MSC)

Der Ostseekai vom Schloss gesehen mit einem MSC-Kreuzfahrtschiff

„Der Segler“ (Karlheinz Goedtke, 1962)

HDW-Portalkran (900 t Tragfähigkeit)

Schloss   Nikolaikirche   Schlossgarten   Kiellinie (hier beginnend)   Rathausturm

OLDTIMER AM SARTORIKAI

Für viele Eigner und Kapitäne alter Segler aus Skandinavien, Holland, Deutschland und zunehmend aus den baltischen Staaten und Russland steht ein Törn nach Kiel fest im Jahresplan – zur Kieler Woche nämlich. Dabei geht es zu wie bei einem internationalen Familientreffen: Klönen, Fachsimpeln, Austausch von Erfahrungen. Es ist nicht leicht, alte Schiffe zu erhalten. Und es ist teuer. Deshalb fahren einige gerne mit (zahlenden) Gästen einen Schlag Richtung Strander Bucht, Laboe oder Leuchtturm. Längst hat sich herumgesprochen: viele der schmucken Segler sind für Gruppen oder Firmen aus Berlin, Hamburg, München und dem Rheinland Monate vorher ausgebucht.
In Kiel erhalten die würdevollen alten Segelschiffe selbstverständlich die besten Gast-Liegeplätze – wie hier am Sartorikai.

Galionsfigur – klassisch
als Meermaid (Nixe)

Traditionssegler im „Päckchen“ am Sartorikai

„Stettin“ (1933), Dampfeisbrecher, seit 1982 fahrfähiges technisches Kulturdenkmal. Gästefahrten – Hamburg

„Wal“ (1938), Dampfeisbrecher, seit 1991 maritimes Kulturdenkmal. Törns auf Weser, Nord- und Ostsee – Bremerhaven

„Alexandra“ (1908), Dienst- u. Passagierschiff, seit 1990 wieder in Fahrt. Traditions- u. Gesellschaftsfahrten – Flensburg

„Woltman“ (1904), Einschraubenschlepper, als Dienstschiff bis 1976 im Einsatz. 2004 überholt. Gästefahrten – Hamburg

„Schaarhörn“ (1908), meist im Staatsdienst, seit 1995 fahrendes Museum unter Dampf. Traditionsfahrten – Hamburg

„Bussard“ (1905), Tonnenleger u. Versorgungsschiff, seit 2006 als Technisches Denkmal wieder fahrfähig. Gästefahrten – Kiel

OLDTIMER ZU GAST IN KIEL

Kiel ist ein weltbekannter Schiffbaustandort. Hier fand 2008 ein erstes, denkwürdiges Veteranentreffen für noch oder wieder fahrfähige öl- und kohlebefeuerte Schiffe (und Lokomotiven) statt: „Kiel unter Volldampf“ konnte begeistern. Ehrenamtliches Engagement rettet viele der technischen Denkmale vor dem Schneidbrenner. Mitfahren oder Besichtigen gegen Obolus unterstützt die Vereine.

„Skjelskør“ (1915), Versorgungs- u. Passagierschiff bis 1962, seit 1967 beim „Dansk Veteranskibsklub“ – Frederikssund am Roskildefjord (Dänemark). Hier vor einem HDW-Neubau

„Cap San Diego“ (1961), als schneller Stückgutfrachter bis 1981 im Dienst, seit 1988 fahrtüchtiges Museumsschiff und Wahrzeichen – Hamburg. Hier am Sartori-Kai in Kiel

„Stettin“-Bekohlung

Windhuzen des Schleppers „Woltman“

Schornstein der „Alexandra“

„Wal“-Maschinentelegraf

Dampfeisbrecher „Stettin“ – Decksmann

„Bussard“-Schiffsglocke

„Schaarhörn“-Schornstein

Staatsyacht „Schaarhörn“ unter Dampf

Der „Cap“-Käpt’n legt selber Hand an

Der schnelle Stückgutfrachter „Cap San Diego“ von 1961, seit 1988 fahrtüchtiges Museumsschiff und schwimmendes Wahrzeichen in Hamburg – gern gesehener Gast in Kiel, wo zwei der einst sechs traumschönen Frachter bei HDW gebaut wurden

Vertrautes Bild – Stena-Line grüßt den Kieler Hafen, die ewig kreischenden Möwen und die Nikolaikirche

Dreimast-Vollschiff (Clipper) „Stad Amsterdam“, Baujahr 2000, vor der „Stena Germanica“ – rechts am Bildrand das Feuerlösch- und Ölwehrschiff „Kiel“ (Baujahr 1986)

SCHWEDENKAI

Der rote Stena-Schornstein gehört zu Kiels Stadtbild wie der Rathausturm. Die schwedische Stena-Reederei verbindet seit 1967 Kiel mit Göteborg. Aus schwedischer Sicht sind die Vorzüge Kiels die Nähe (über Nacht hier) und die Einkaufsmöglichkeiten: direkt vom Schiff kommend ist man in der City. Kiels moderner Hauptbahnhof und die Autobahn sind minutennah. Aus deutscher Sicht gibt es keine entspanntere Art, nach Skandinavien zu kommen: Seefahrt und Skandinavisches Büfett; Ski- und Winterurlaub in Orsa Grönklitt, Fulufjällsbyn, Kläppen und Säfsen. Oder die Märchenprovinz Dalarna, bunte Ferienhäuschen, Elch- und Angelrouten und vieles mehr. Für Kinder gibt es während der Überfahrt viel Spaß (Kids-Corner, Teens-Tower, Computerspiele). Bis 2010 entsteht in Kiel ein neuer Schwedenkai als kombinierter Fähr- und Kreuzfahrtterminal mit einem zwölf Stockwerke hohen Gebäude. Da Göteborg–Kiel auch die deutlich kürzeste Verbindung auch für Stena-Frachtschiffe ist, die bisher den Umweg nach Travemünde fahren, sollen vorhandene Gleisanlagen für den Kombi-Fährverkehr und für Blockzüge Schweden–Deutschland–Italien reaktiviert werden – Välkommen till Kiel.

Stena-Line lässt es sich nicht nehmen, bei der Windjammerparade zum Abschluss der Kieler Woche dabei zu sein – es gibt kaum einen besseren Logenplatz für „Sehleute“ (rechtzeitig buchen). Foto: „Stena Germanica“ (39.178 BRZ) beim Auslaufmanöver hinter dem Mastenwald am Sartorikai

NORWEGENKAI

1959 schlägt der norwegische Reeder Anders Jahre der Stadt Kiel eine regelmäßige Schiffsverbindung Kiel–Oslo vor. 1960 baut HDW die erste M/S „Kronprins Harald“ mit 7.500 BRT (zehnmal kleiner als die „Color Fantasy“!) Vier Jahre später folgt die ebenfalls bei HDW gebaute „Prinsesse Ragnhild“. Beide Schiffe werden durch immer größere Nachfolger des selben Namens ersetzt. Das Land der Fjorde lockt bald immer mehr Deutsche. Für die Norweger beginnt der Kontinent in Kiel, das an Zugkraft gewinnt, seit 1997 der Norwegenkai in die Innenstadt verlegt wurde – zum Bahnhof sind es (einzigartig in Deutschland) zu Fuß nur fünf Minuten. Am 11. Dezember 2004 trifft M/S „Color Fantasy“ als weltweit größtes Kreuzfahrtschiff mit Autodeck in Kiel ein und wird begeistert empfangen. Am 31. August 2007 verabschiedet sich mit M/S „Kronprins Harald“ das letzte Fährschiff alter Bauart von Kiel und macht Platz für die „Color Magic“, Schwesterschiff der „Color Fantasy“. Eine neue Epoche des Fähr-Linienverkehrs hat begonnen: attraktive Kreuzfahrt-Kurzreisen mit oder ohne eigenem Auto, in 5-Sterne-Luxuskabinen oder in bequemen 3-Sterne-Kabinen. Kiel–Oslo ist eine beispiellose norwegisch-deutsche Erfolgsgeschichte.

M/S „Deutschland“ (1998 bei HDW in Kiel gebaut) der Reederei Deilmann am Norwegenkai (nur in Kiel können „Deutschland“-Passagiere von der Bahnhofs-Kaisertreppe ihr Schiff sehen – und nach fünf Minuten Fußweg im Kaisersaal des 5-Sterne-Schiffes stehen). Davor „Color Fantasy“ an ihrem Liegeplatz

COLOR FANTAST
Color Line
ZÖLLNER

Kiels Dreifeld-Zug-Klappbrücke wird gerade geöffnet

Hörn mit dem Hörn-Campus. Im Hintergrund die alte Gablenzbrücke von 1910, davor wird gerade die neue Brücke von 2008 montiert. Am Bildrand rechts das PROVINZIAL-Gebäude (s. Seite 6)

HÖRN (KAI-CITY)

Zur Weltausstellung EXPO 2000 in Hannover wird das Kieler Projekt Kai-City vorgestellt. Es ist Kiels erste große städtebauliche Befreiung nach jahrzehntelanger Einschnürung durch Werftindustrien, Reichs- und später Bundesbesitz. Mit dem Projekt Kai-City wird Kiels einzigartige Lage an einem bis zur Spitze (Hörn) reichenden Tiefwasserhafen in Etappen umgesetzt. 2001 entsteht am Endpunkt der Förde mit dem Hörn-Campus das erste, repräsentative Gebäude (weitere werden folgen, darunter 2010/11 das „Maritime Science-Center").
Die spiegelnde Glasfront des Hörn-Campus in Form eines Segels versinnbildlicht Kiel-typisch Wind, Wasser und Dynamik. Davor liegt eine weitläufige Panorama-Treppenanlage; sie schließt beide Hörnufer bis zum Germaniahafen und Bahnhof ein – der ideale Campus. Hier finden Festivals und Sportveranstaltungen statt. Auch hier zeigen sich Kiels einmalige Vorzüge: Wasser und Weite für Großveranstaltungen jeder Art bei größtmöglicher Nähe zum Hauptbahnhof und zu den Schiffsanlegern. Eine erste Bewährungsprobe besteht die Kai-City 2006 glänzend: eine halbe Million Besucher feiern hier den „Tag der Deutschen Einheit".

Hotel „Astor" Neues Rathaus Hafenhaus (Verwaltung Seehafen Kiel)

reifeld-Zug-Klappbrücke –
Vartungsarbeiten

Blick über die Hörn auf das „Waterkantgebäude“ am Germaniahafen mit exklusiven Wohnungen in bester Lage. Im Germaniahafen Gaarden (zwischen den Zirkuszelten und dem Waterkantgebäude) liegen Kieler Traditionsschiffe (s. Seite 53)

Die 25,6 Meter lange Brücke in Blickrichtung zum Hauptbahnhof und Sophienhof – eine Touristenattraktion und einer der meistfotografierten „Baedeker-Punkte“ der Landeshauptstadt

ikolaikirche

Schwedenkai

Fähranleger direkt am Hauptbahnhof

Hafendampfer von 1934–74 („Stadt Kiel")

Hafendampfer von 1959–86 („Düsternbrook")

Hafendampfer-Generation seit 1986 („Schilksee")

SCHLEPP- UND FÄHRGESELLSCHAFT KIEL

Um 1900 beginnt die große Zeit der Passagierschiffe auf der Förde. Keine Postkarte aus der Kaiserzeit, die nicht Hafendampfer zeigt. Seither werden fast alle in Kiel gebaut. Zur Segelolympiade 1936 kommen neue, motorgetriebene. Sie werden respektlos „Plätteisen" genannt, wegen ihrer breiten Hüften, den Scheuerleisten. Die „Stadt Kiel" (Baujahr 1934) gibt es noch heute. Als fahrendes Museumsschiff ist sie sozusagen die Großmutter der heutigen Hafendampfer. Einzigartig ist das Kiel-Panorama von Sehenswürdigkeiten, das am Passagier vorbeizieht: Werften, Traditionssegler, Kreuzfahrt- und Containerschiffe, Fischkutter, Schleusen, Leuchttürme, Bojen, Strände, Fischer- und Yachthäfen. Dazu zwei weltberühmte Ehrenmale am Fördeufer. Man kann sein Fahrrad mit an Bord nehmen, am Fördewanderweg entlang radfahren, baden und beliebig wieder zusteigen – außer zur Kieler Woche, da ist sozusagen Holland in Not. Im Sommerhalbjahr wird die Seebrücke des Ostseebades Schönberg angelaufen. Man kann eine Dampferfahrt buchen und mit „Hein Schönberg" auf der alten Kleinbahntrasse zurück nach Kiel fahren; oder umgekehrt. Außer Fördetörns fahren SFK-Schiffe auch in den Kiel-Canal (mit dem Erlebnis des Ein- und Ausschleusens), sie machen Regatta-Begleitfahrten, umrunden das Feuerschiff oder steuern den kleinen Fischerhafen Kappeln an. SFK-Dampfer können von Gruppen (mit Wunschzielen) gechartert werden. Gäbe es eine Liste der schönsten Stunden, die man in Norddeutschland verbringen kann – Kiels Fördeschifffahrt stände weit oben.

Germaniahafen (rechts) – Liegeplatz liebevoll gepflegter Traditionsschiffe des Vereins „Museumshafen Kiel"

Kenner fahren gern mit den bulligen Schleppern, die im Sommer als Kieler „Hafendampfer mit Cabrio-Feeling" aushelfen

HERTA

Begleitfahrt mit M/S „Schilksee“. Die Bark mit grünen Segeln ist das ehemalige Feuerschiff Kiel von 1906 (1988 Umbau zur „Alexander von Humboldt“, Heimathafen Bremerhaven – sie hat inzwischen einen Nachfolger)

Begeisterte Urlauber während einer Fahrt von Laboe nach Kiel. Keine andere deutsche Hafenlinie bietet so viel echte Seefahrt in sauberem Seewasser wie die Kieler

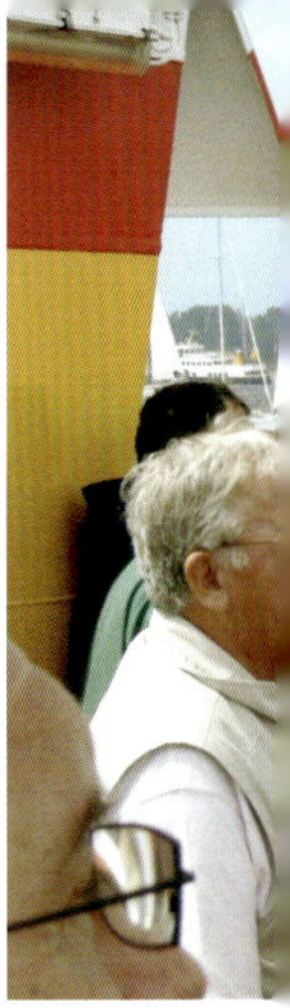

SFK-Schiffe am Bahnhofskai - links der stärkste schleswig-holsteinische Schlepper „Kiel“ (2008 bei Lindenau gebaut) – 65 t Zugleistung / 5712 PS

Ein unvergessliches Erlebnis: Schiffsfahrt auf der Kieler Förde (hier während einer Windjammerparade) – der Fahrplan wird auch bei „whooling“ wie dieser möglichst eingehalten

Steuerstand eines SFK-Schleppers (in Spitzenzeiten wie zur Kieler Woche werden sie auch als Fahrgastschiffe eingesetzt, wenn keine Notfalleinsätze vorliegen)

SFK-Schlepper „Bülk“ – im Topp eine Feuerlöschkanone

SFK-Fahrgastschiff „Laboe“

Kreuzfahrtschiff „Delphin“

Kieler Woche international – Treffpunkt netter Menschen aus aller Welt

Kiellinie (führt an der Blücherbrücke und am Hindenburgufer entlang bis zum Marinehafen in der Wik – hier ist an einem Tag „Open Ship" bei den meisten der Marineschiffe)

Show, Spaß und Medienpräsenz – der NDR ist immer dabei

Kieler Woche – das sind über 1500 Veranstaltungen und 300 kostenlose Open-Air-Konzerte. Damit ist sie auch Deutschlands vielseitigstes Volksfest.

KIELER WOCHE

Die Geschichte der Kieler Woche (1882 begann es) ist inzwischen weniger interessant als ihre stürmische Entwicklung innerhalb der letzten Jahre. Um das Jahr 2000 wird die einst elitäre Segelwoche für Bessergestellte und Millionäre zur weltweit größten Segelsportveranstaltung „fürs Volk" – mit neuen, schnellen und erschwinglichen Bootsklassen auf Deutschlands zweimal olympisch geadeltem, bestem Segelrevier.
Gleichzeitig ist die Kieler Woche Nordeuropas größtes Volks- und Hafenfest mit etwa drei Millionen Besuchern. Kieler Woche – das ist Eröffnungs-Glasen vom Rathausbalkon (mit höchstem politischen Beistand), das sind phonbebende Bühnen, Rockkonzerte, Schiffssirenen, europäische Düfte, knallharte Regatten und wogende, fröhliche Menschenmassen.

Einladung zum Segeltörn – vergleichen lohnt sich

Kreuzfahrtschiffe – Großfähren – Traditionssegler – Fördeschiffe – Privatyachten: Zur Kieler Woche findet hier Europas größtes Schiffsmeeting statt

Kieler Woche – das sind Preisverleihungen auf europäischem Niveau, Segelschiffe, Matrosen und schöne Mädchen, Ballett- und Tanzästhetik, Kleinkunst, Ausstellungen, Vorlesungen und Gastspielhöhepunkte von Weltstadtformat. Zur Kieler Woche treffen sich Wirtschaftsbosse und Spitzenpolitiker – hier sitzen sie tatsächlich und gerne im selben Boot, stecken Kurse ab. Und zur Windjammerparade begeistern 100 und mehr Segelschiffe etwa eine viertel Million Zuschauer an den Ufern und auf unzähligen Begleitschiffen. Und am Ende – als Betthupferl – das Riesenfeuerwerk über einem bunt blinkenden, erschöpften Kieler Hafen.

Kiel ist Kult.

„Krusenstern“ (russisches Segelschulschiff) – als „Padua“ legendärer Flying-P-Liner der Hamburger Reederei F. Laeisz, 1926 auf der Tecklenborg-Werft in Bremerhaven gebaut, ständiger Kieler-Woche-Gast

Matrosin setzt Segel

„Dagmar Aaen“ in Kiel

„Bussard“ unter Dampf

Jazzband an Bord

„Krusenstern“-Reinschiff

Kieler Guckwoche

„Gorch Fock“

VON AALREGATTA BIS WINDJAMMERPARADE

Die „Aalregatta" von Kiel nach Eckernförde war 1906–2004 die erste der Kieler Woche-Regatten und gute Tradition. Seit 2005 ist sie aus organisatorischen Gründen nicht mehr Bestandteil der Kieler Woche, wird aber – wie schon vor 1906 – als eine eigenständige Regatta zeitgleich fortgesetzt. Die Durchführung ist vom Kieler Yacht Club auf den Segelclub Eckernförde übergegangen, der auch für den geräucherten Aal (mit passendem Getränk) zur Begrüßung der eintreffenden Teams sorgt. Anno 1906, bei der ersten Segelwettfahrt Kiel–Eckernförde–Kiel, nimmt Kaiser Wilhelm II. höchstselbst mit seiner Yacht „Meteor" teil (Majestät soll sich köstlich amüsiert haben – niemand hatte gewagt, ihn zu überholen). Heute nehmen mehrere Bootsklassen teil, wobei das zuerst eintreffende nur das theoretisch schnellste ist – aber das ist eine lange und komplizierte Rechnung, bei viel Aal und so weiter…

Meistens kommen über 100 Barkentinen, Brigantinen, Briggs, Barken, Gaffel- und Topsegelschoner, vier- und fünfmastige Vollschiffe aus vielen Nationen zur Kieler Woche. Es ist unglaublich, was der Kieler Hafen an diesen Tagen an Schiffen aufnehmen kann. Am zweiten Sonnabend der Kieler Woche sammelt sich eine stolze Armada querab von der Blücherbrücke und beginnt, umschwärmt von hunderten Presse- und Privatbooten, für die Windjammerparade Segel zu setzen. Meistens führt die „Gorch Fock" die Segelparade an – eine Referenz an die Deutsche Marine, die Jahr für Jahr zur perfekten Kieler-Woche-Organisation beiträgt.

Tipp des Autors: beste Aussichten von Land haben Sie in Mönkeberg, Möltenort (beim U-Boot-Ehrenmal) und Friedrichsort am Leuchtturm; allerbeste, wenn Sie in Kiel etwa zeitgleich zum Start der Windjammerparade einen normalen Hafendampfer besteigen und sich „querbeet" planmäßig durch die Parade fahren lassen. Einsteigen können Sie mit etwas Glück auch in Mönkeberg oder Möltenort – sollten dort ein paar Passagiere das rappelvolle Schiff verlassen; genauso viele dürfen dort wieder zusteigen.

Start zur Aalregatta – rechts die schlichte Kieler Hansekogge, die im Vergleich mit anderen sehr viel authentischer wirkt, weil sie nicht wie für „Disneyland" herausgeputzt ist

Vorbereitungen zum allerersten Segeltörn

Kieler Hafen – Romantik pur

Wasserkühlung für müde Füße

Kieler Woche – Europäischer Markt der Genüsse

Große Kleinkunst auf der „Kiellinie“

NDR-Bühne

Französische Matrosen vor der Blücherbrücke

Illuminiertes Marineschiff an der Tirpitzmole

Feuerwerk – „Der Segler“ (Karlheinz Goedtke, 1962)

Beste Aussichten hat man
von der eigenen Yacht

KIEL.SAILING CITY

Vollbärtige Admirale und ihre Berater, im ersten Viertel des 19. Jahrhunderts als Jungs auf Segelschiffen groß geworden, entdecken um 1860 die strategischen Vorteile der Kieler Förde: sie ist tidenfrei, windsicher, naturtief und sie versandet nicht – und sie öffnet sich in der Hauptwindrichtung (Wind aus Südwest). Also ideal für Angriff und Verteidigung, denken die Admirale. Einem Feind könnten sie stracks entgegen segeln – während dieser mühsam gegenan kreuzen müsste und dabei von den Küstenbatterien Laboe, Möltenort und Friedrichsort auf Distanz gehalten oder versenkt werden würde, denken die Admirale. Aber das ist Militärgeschichte (in Zeiten von Google Maps sowieso überholt). Geblieben ist die Tatsache, dass die Kieler Förde eines der besten Segelreviere der Welt ist, manche sagen: das beste. Ideal für Freizeitskipper ebenso wie für deutsche und internationale Spitzenteams und Einzelkönner. Segeln vor Kiel – das ist Spaß, Erlebnis, Erholung, Teamgeist und maritime Kommunikation auf gleicher Wellenlänge.

Ritt über kabbelige Wellen
– Hobie-Cats

United Internet Team Germany in der Strander Bucht

Kiel – ein würdiger Zielhafen für die härteste Regatta der Welt, den America's Cup. 2006 lieferte sich das United Internet Team Germany mit Skipper Jesper Bank beim „German Sailing Grand Prix" Bug-an-Bug-Rennen mit Cuppern aus den USA und Südafrika bis in den Kieler Hafen hinein – 100.000 Zuschauer verfolgen das Rennen. Unvergesslich auch das Ereignis vier Jahre zuvor: 150.000 an Land und auf hunderten Booten empfangen den Volvo-Ocean-Race Gesamtsieger „Illbruck" mit Skipper John Kostecki (USA) im Kieler Hafen.

Spinnakerkurs

„Germania VI“ der Alfried Krupp von Bohlen und Halbach-Stiftung, (Typ Bermuda-Yawl, Baujahr 1963) – erste vollgeschweißte Aluminium-Yacht der Welt (KYC)

„Vanity V“ (12-Meter-Renn-Yacht, Baujahr 1936, nahm 1958 am Americas Cup teil). Eigner Patrick Howaldt, Kopenhagen

Radfahren

Golf

Surfen

Rollerblade

Kiel – Stadt des
Individualsports in freier Natur

SPORTSTADT KIEL

Traditionsvereine wie der THW und Holstein Kiel – neuerdings auch die Canes – haben die Landeshauptstadt bundesweit bekannt gemacht. Ein Blick auf Kiels Vereinsregister, die Liste Kieler Olympiasieger und das Hochschulsport-Angebot der Christian-Albrechts-Universität (CAU) bestätigt: Kiel ist als Sportstadt Erste Liga. In Kiel sprudeln Talente (Hamburg bedient sich, wenig sportlich, etwa bei Kiels erfolgreichen Beach-Volleyballern). Kiel – führend auch als Stadt des Fun- und Individualsports. Wo sonst ist man in wenigen Minuten am Wasser, im Segel- oder Ruderboot, im Kajak, auf den Rollerblades oder dem Surfbrett? In welcher anderen Großstadt gibt es so viel frische Luft, beständigen Wind und klares Meerwasser bis in die City hinein?

Sparkassenarena – im Kern altehrwürdig, aber mächtig aufgehübscht. Schleswig-Holsteins größte Veranstaltungshalle ist eine der beliebtesten (auch bei prominenten Künstlern und Sportreportern) und gleichzeitig stimmungsvollsten deutschen Großhallen

Bei den THW-Spielen, der Baltic Horse Show, den Hallenmasters mit Holstein Kiel und vielen anderen Veranstaltungen ist sie restlos ausverkauft

Fichtestraße

Fichte-Kleiststraße

Fichte-Kleiststraße

Kleiststraße

Kleiststraße

Asmusstraße

Weimarer Straße (Petruskirche)

Fichtestraße

Westring

Westring

Ziegelteich

Howaldtstraße

Uferstraße (Nordhafen)

KIELER KUNSTKERAMIK (KKK)

Eine erste Kieler Fayence-Manufaktur gab es von 1763–1787. Anfang der 1920er-Jahre entsteht eine moderne Keramik- und Klinker-Manufaktur, die Kieler Kunst-Keramik AG (kurz KKK). Sie produziert Fein- und Baukeramik und erreicht in kurzer Zeit hohes künstlerisches Niveau. Vor allem Karlsruher Majoliker prägen den „Kieler Stil". Bekannteste Künstler sind Philipp Danner, Gustl Kaiser, Ludwig Kunstmann, Hedwig Marquardt, Gertrud Wiebke Schröder, Karl Taggeselle und Fritz Theilmann; bekannteste Baukeramik-Künstler Alwin Blaue und Franz Blazek. Das Kieler Stadtmuseum Warleberger Hof widmet der Kieler Kunst-Feinkeramik eine Dauerausstellung, während die KKK-Baukeramik wie in einem Freilichtmuseum im Kieler Stadtbild zu bewundern ist.

Künstlerischer Höhepunkt Kieler Baukeramik war etwa 1924–28

Siedlung Fichtestraße: Hofidylle

Siedlungstor Kleiststraße

Siedlungstor Fichtestraße

Sternstraße

Herderstraße

Goethestraße

Esmarchstraße

Fleethörn

Jahnstraße

Feldstraße

Holstenstraße / Hafenstraße

Holtenauer Straße

Düppelstraße (Holzerker)

Hauptbahnhof: „Kaisertreppe“-Wappen

Düvelsbeker Weg

Düvelsbeker Weg

Düvelsbeker Weg

Steinstraße

Eckernförder Straße / Jungfernstieg

Eckernförder Straße / Herderstraße

KIELER ARCHITEKTUR-BEISPIELE

Kiel ist bitterarm an historisch bedeutsamen, alten Bauten. Das meiste fällt der stürmischen Entwicklung zur Großstadt in der Zeit von etwa 1875 bis 1914 zum Opfer, der Rest liegt spätestens 1944 in Trümmern. Zerstört werden dabei auch bemerkenswerte neuere Kieler Bauwerke – vom Jugendstil über die Heimatschutzarchitektur bis zum Backstein-Expressionismus der 1920er und 1930er Jahre. Was erhalten blieb, ist heute sorgfältig restauriert und stilschonend modernisiert. Erstaunlicherweise wirkt das heutige Kiel trotz seiner Jahrzehnte das Stadtbild beherrschenden Mietskasernen und eintönigen Wohnblocks wie neu gewandet – vielleicht auch wegen des vielen Grün. Zu verdanken ist dies Kieler Bauherren mit ihren frei in Auftrag gegebenen Bauten und Baustilen, die sich im Schatten obrigkeitsverordneter Kasernen- und Repräsentationsbauten der Kaiserzeit und des Nationalsozialismus wie zarte Pflänzchen behaupteten; jetzt sind sie erblüht. Besitzer, Hausverwalter und Bewohner der oft über hundertjährigen Gebäude haben bedeutenden Anteil daran, dass Kiel heute einer der beliebtesten Wohnorte ist – auf direktem Wege zur kinder- und familienfreundlichsten Stadt Deutschlands.

Villa (Bismarckallee, 1898)

Arndtplatz / Jungfernstieg

Fassadenschmuck aus den Zeiten größter Bautätigkeit in Kiel bei gleichzeitig größtem Bevölkerungszuwachs: vor dem Ersten Weltkrieg und in den 1920–30er Jahren

Mietshaus (Ringstraße)

Beispiel Steinstraße – wunderschön renovierte und farbig wie abgestimmt wirkende Fassaden der Baujahre um 1900 (wer mag da noch von „Mietskasernen" reden?)

Unscheinbar: Kiels im Kern ältestes erhaltenes Bürgerhaus am Kleinen Kuhberg (vor 1850 erbaut)

Villa Niemannsweg / Karolinenweg (Architekt Jaacks, 1904)

Damperhof am Knooper Weg (Architekt Ernst Prinz, 1907)

Berufl. Schule am Ravensberg (Architekten J. Pregyn und Georg Pauly, 1907)

Wochenendhaus Heikendorfer Bucht (Architekt Rudolf Schroeder, 1931)

Ehem. Arbeitsamt (Architekten Wilhelm Hahn und Rudolf Schroeder, 1929)

Zool. Museum (Architekten Martin Gropius und Heino Schmieden, 1881)

Kiels erhaltene und zum großen Teil unter Denkmalschutz stehende Bauten überraschen die Betrachter durch ihre Stilvielfalt jenseits des weit verbreiteten, automatischen Baedeker-Prädikats „schön" für alte Backsteingotik. Im Rahmen des Möglichen sind auch Kiels in städtischem Besitz befindlichen Gebäude gut erhalten und gepflegt.

Kiel ist eine Stadt des reichen Fassadenschmucks der Zeit um 1900
Bild unten: großbürgerliches Eckhaus Goethe-Jahnstraße

Edvard Eriksen entwarf das Marmormal der Grabstätte Henning Lass (1925)

„Trauernde“ des Kieler Bildhauers Heinrich Mißfeldt (1903) – Grabmal Johann Meyer

SÜDFRIEDHOF

1869 wird der heute älteste erhaltene christliche Kieler Stadtfriedhof angelegt. Seit 1995 steht er unter Denkmalschutz. Die parkähnlich angelegte Begräbnisstätte enthält zahlreiche Beispiele höchster künstlerischer Bestattungskultur; darunter das einzige Originalwerk des dänischen Bildhauers Edvard Eriksen in Deutschland, des Schöpfers der weltberühmten „Kleinen Meerjungfrau“ in Kopenhagen.
Ende des 19. Jahrhunderts beginnen wohlhabende Kieler Familien, ihre Toten auf einem künstlich angelegten Kapellenberg in aufwändig gestalteten Grabkapellen, Mausoleen und Grüften zu bestatten. Dieser „Friedhof im Friedhof“ – einzigartig in Schleswig-Holstein – zeigt (und sollte zeigen) großbürgerliches Ansehen und Wohlstand. Bekannte Persönlichkeiten sind hier bestattet: Klaus Groth (1819–1899), niederdeutscher Dichter; Claus Harms (1778–1855), Pfarrer und Theologe; Georg Howaldt (1841–1909), Werftgründer; Heinrich Moldenschardt (1839–1891), Architekt; Heinrich Mölling (1825-1888), Oberbürgermeister; August Sartori (1838–1903), Reeder; Paul Wassily (1868–1951), Kieler Arzt, der seine große Kunstsammlung der Kieler Kunsthalle vermachte.

Kapellenberg.
Foto links unten die Grabstätte der Kieler Familie Brandau

Kieler Türen und Eingänge

Bild rechts: Modernisiertes Wohnhaus (Baujahr 1952)
Holtenauer Straße / Jungmannstraße

43

Schauspielhaus – hier trat am 26.2.1946 der erste Landtag nach dem Kriege zusammen

Nachkriegsbau (Fichtestraße)
Kino (Holtenauer Straße)

WIEDERAUFBAU

Drei Viertel Kiels sind bei Kriegsende zerstört. Bis 1948 kann wegen Baustoffmangels kein Neubau entstehen. Noch vorhandene Unterkünfte werden mit primitiven Mitteln wie Wellblech, Drahtglas, Dachpappresten, Brettern und Balken aus Ruinen winterfest gemacht. Aus Kohlenmangel verheizen die Kieler Holzreste aus Trümmern, sammeln angeschwemmte Kohlebrocken von untergegangenen Schiffen, fällen Parkbäume. Oberbürgermeister Andreas Gayk lässt gegen Extra-Lebensmittelkarten schätzungsweise fünf Millionen Tonnen Schutt und Trümmer beseitigen.

Theodor-Storm-Straße

Lutherkirche

Goetheschule (Architekt Rud. Schroeder, 1950) – erste Pavillonschule mit 25 ebenerdigen Klassenräumen / „Fohlengruppe“ von Alwin Bl

Nachkriegshäuser von 1951–53 an der Holtenauer Straße (Baumaterial: Trümmersteine).
Alleeartig begrünte Arkaden (Architekt Jürgen Baade, 1989) stehen vor oft inhabergeführten, klassischen Läden mit Beratungs- und Angebotsqualität, wie einst in der Holstenstraße

Der Schutt füllt Bombentrichter, Ruinenkeller, Docks, den Schrevenpark und das Ufer nördlich des Schlosses. Ende 1949 ist Kiel „besenrein“ – als erste Stadt in den Westzonen. Im Rathaus wird fieberhaft an einer Neuordnung der Innenstadt gearbeitet. Stadtbaurat Herbert Jensen hatte bereits 1941 den Stübben-Plan von 1901 überarbeitet. Die besten Ideen werden verwirklicht. Der Wiederaufbau beginnt. Auf Trümmerflächen entstehen neue Magistralen, neue Plätze – und sehr viel Grün. Neue Bauplätze werden ausgewiesen. Als Dank tragen neue Straßen die Namen der beiden Architekten des neuen Kiel – Andreas-Gayk-Straße und Jensendamm. Ihnen und nachfolgenden Amtsträgern verdankt Kiel sein modernes, heute zweifellos schönes Gesicht. Vielleicht sollte man sich gelegentlich daran erinnern, dass der britische Bauoffizier Williams (aus Coventry) den Wiederaufbau nach Kräften unterstützt hat.

vorm. Juwelier Hansen (Dänische Straße / Schloss)

vorm. Café Rolfs am Schlosspark

Dem Café, seinem guten Geist „Mutter Rolfs“ und der kaiserlichen Marinestadt Kiel hat Peter Ernst Eiffe in seinem köstlichen Buch „Splissen & Knoten“ ein literarisches Denkmal gesetzt

Mettenhof (1960er Jahre). Stadtteil und Hochhäuser sind modernisiert. Ausländische Mitbürgerinnen und Mitbürger: etwa 12,5 Prozent

Wasserturm am Ravensberg (1886). Zuvor bezog Kiel Oberflächenwasser vom Schreven- und Galgenteich. Heute Spielstätte des Theaters Lore & Lay

Lessingbad (Architekt Rudolf Schroeder, 1935) – äußerlich mit deutlichem Einfluss der Heimatschutz-Architektur, innen licht und freundlich, aber stark renovierungsbedürftig

Tafelente

Schreventeich mit hübscher Brunnenanlage und Brutinsel (rechts). Rund um den Teich führt eine beliebte „Jogger-Strecke". Im Hintergrund der Turm der Lutherkirche.

Kiels Schreventeich ist eines der größten innerstädtischen Reservate für freilebende Wasservögel in Deutschland, gehegt vom städtischen Grünflächenamt und einem Tierpfleger. Bis zu 20 Gänse- und 30 Entenarten werden am Schreventeich gezählt

Ganzjährig lassen sich „Teilzieher" auf der Wasserfläche nieder (Foto: die seltene Krickente)

Großbürgerliche Bauten am Schrevenpark (Goethestraße, etwa 1900–1910)

Lutherkirche von 1912 – nur der kupferverkleidete Turm hatte den Krieg überstanden

„Schlummernde" im Rosengarten am Schreventeich (Richard Engelmann, 1911) – respektlos auch „Venus von Kilo" genannt

Kanadagans – Meisterin der Einbürgerung, hat stellenweise die heimische Graugans verdrängt

SCHREVENPARK

Im Mittelalter ist der hoch gelegene Schreventeich gräflicher Besitz, bis zum Kleinen Kiel und zur Stadtgrenze von Wald umgeben. Vom 16.–18. Jahrhundert versorgt eine hölzerne Wasserleitung Schloss, Kloster und Adelshäuser mit Wasser. Bürger müssen sich aus zentralen Brunnen am Markt und aus Oberflächenwasser anderer Teiche (Galgenteich) versorgen. Ein 1901 an der Goethe- und Humboldtstraße gebautes Elektrizitätswerk nutzt Schreventeichwasser zur Kühlung der Dampfmaschinen. Zeitgleich entsteht nach Entwürfen von Ferdinand Hurtzig ein Park und an dessen Peripherie großbürgerliche Bebauung. Hurtzig gestaltet währenddessen auch die Sichtschneise von der hoch gelegenen Bismarckallee auf die Förde. Am 26. Juli 1902 wird der „Hohenzollernpark" eröffnet – mit vielen von Bürgern gestifteten Bäumen (andere waren von der städtischen Forstbaumschule hierher verpflanzt worden). Viele der Gehölze und Bäume stehen noch heute; einige waren Luftangriffen und Angriffen beaxter und frierender Kieler in den Nachkriegswintern zum Opfer gefallen. Seit 1947 offiziell „Schrevenpark", ist er heute (neben dem Landschaftsschutzgebiet und Park Forstbaumschule sowie dem Alten Botanischen Garten) einer der schönsten Nachlässe der wilhelminischen Ära.

Lutherkirche

Audimax Campus CAP 3 (Hörsaalgebäude)

Gründungsstätte Kieler Kloster

Pförtnerkubus

Campus

CHRISTIAN-ALBRECHTS-UNIVERSITÄT (CAU)

Kiels 1665 gegründete Universität ist die einzige Volluniversität des Landes mit über 100 Studiengängen an acht Fakultäten. Derzeit sind über 22.000 Studentinnen und Studenten eingeschrieben. Die Institute verteilen sich kompakt auf Universitäts-Campus (Olshausenstraße), Universitätsklinikum (nördliche Innenstadt) sowie die Technische Fakultät auf dem Ostufer Kiels. Wissenschaftliche Schwerpunkte der CAU liegen in den Meeres-, Lebens- und Nanowissenschaften sowie in der Erforschung menschlicher Gesellschaften in Landschaften. Renommierte Einrichtungen wie das Institut für Weltwirtschaft (IfW), das Leibniz-Institut für Meereswissenschaften IFM-GEOMAR und das Leibniz-Institut für die Pädagogik der Naturwissenschaften (IPN) sind der CAU angegliedert. Namhafte Wissenschaftler haben in den letzten drei Jahrhunderten hier gelehrt und geforscht, darunter die Nobelpreisträger Max Planck und Otto Diels.

Das CAU-Siegel zeigt eine Göttin mit einem Palmenzweig und einem Füllhorn voller Ähren in Händen, die den Frieden versinnbildlicht: „Pax optima rerum“ – Frieden ist das höchste der Güter

WISSENSCHAFTSPARK KIEL

Im Wissenschaftspark Kiel neben der CAU wird durch die Kooperation von Wirtschaft und Wissenschaft Zukunft gestaltet: Durch die Realisierung von Innovationsvorhaben und Transferprojekten wird ein wichtiger Beitrag zur Schaffung und Sicherung qualifizierter Arbeitsplätze geleistet. Mit dem 2008 fertig gestellten Wissenschaftszentrum hat das 20 ha große Gelände seine zentrale Plattform erhalten und ist nun Ankerplatz für wissensbasierte Firmen und für Institutionen aus den Bereichen Innovationsberatung und Technologietransfer. Das ambitionierte Kieler Projekt, das sich auf einer ehemaligen Industriebrache entwickelt, orientiert sich an erfolgreichen Vorbildern in aller Welt.

Am „kompakten Wissenschaftsstandort Kiel" bieten sich viele Felder und Chancen: Life Science, Umwelt- und Energietechnik, Informationstechnologie, Medizintechnik und nicht zuletzt die Meeresforschung und maritime Wirtschaft.

Wissenschaftspark Kiel – Neufeldt-Haus (Architekten-Partnerschaft Hertzsch Kersig Wardeiner Kiel, 2006)

Campus der Christian-Albrechts-Universität vom Westring gesehen

BOTANISCHER GARTEN DER UNI KIEL

Den ersten Kieler Botanischen Garten gestaltet 1669 der aus Padua kommende Johann Daniel Major als *hortus medicus* (die Botanik war noch Teilfach der Medizin) im Schlossgarten. Es folgen die Gärten Falckstraße (1727), Prüne (1803) und 1884 Düsternbrooker Weg (noch heute erhalten). Der heutige, große Botanische Garten auf dem Campus der Universität wird am 6. Juni 1985 eröffnet. Auf einer Gesamtfläche von etwa acht Hektar sind alle botanischen Schwerpunkte vorhanden: Heil-, Arznei- und Gewürzpflanzen; Bedecktsamer (die heute das Pflanzenkleid der Erde prägen); eine umfangreiche Ökologische Abteilung mit den thematischen Beeten „Blütenökologie" und „Ausbreitungsökologie" sowie einige ökologische Lehrbiotope. Sehenswert auch die zusammenhängenden, großen Gewächshäuser (Tropen-, Nebelwald-, Mediterran- und Subtropenhaus, die Aridhäuser „Amerika", „Afrika" sowie das Victoria-Haus, in dem unter anderem die attraktive Amazonas-Seerose „Victoria regia" wächst. 2008 entstehen vor den Gewächshäusern neue Sukkulenten-Anpflanzungen (Afrika, Amerika und Kanarische Inseln). 2007: zum 300. Geburtstag des großen Botanikers Linné (1707–1778) legt die Universität einen hübschen Themengarten an. Nebenbei: das Kieler Universitätsherbarium (internationales Akronym: KIEL) enthält circa 100.000 Belege, die seit mehr als 250 Jahren gesammelt werden; es ist die umfangreichste Pflanzensammlung Schleswig-Holsteins.

Skulpur „La-Grande-Madre" (Pierre Schumann) im Botanischen Garten

Erinnerungsstein zur Eröffnung des Botanischen Gartens an der Prüne von 1803 (am Eingang des Botanischen Gartens)

Blauer Mohn (Meconopsis betonicifolia)

Riesenseerose (Victoria)

Brotpalmfarn (Encephalartos ferox) – im Bestand bedroht

Blaue Lotusblume (Nymphaea caerulea)

Frauen- oder Venusschuh (Paphiopedilum)

Blüte des Blauglockenbaums (Paulownia tomentosa)

Garten zu Ehren des Botanikers Carl von Linné (1707–1778)

Kleinster Apfel der Welt (Malus toringo) – kirschkerngroß

Gewächshäuser – davor die 2008 neu angelegten Themengärten mit Sukkulenten aus Afrika, Südamerika und von den Kanarischen Inseln

ALTER BOTANISCHER GARTEN

Der romantische Alte Botanische Garten von 1884 liegt gegenüber dem IFM-GEOMAR am Düsternbrooker Weg, nahe der Kunsthalle. Reizvoll ist dessen alter Baumbestand, eingebettet in verschlungenen Wegen, die zu einem Pavillon oberhalb des Gartens führen. Unter dessen schmiedeeiserner Kuppel gibt es laubgerahmte Ausblicke auf die Kieler Förde. Ein Gartenhäuschen und ein Verwaltungshaus aus Kaisers Zeiten stehen wie träumend da. Seltene Singvögel sind an einem kleinen Teich zu beobachten. Zu den Attraktionen des Parks zählt neben einem Sommer-Mammutbaum ein stattlicher Ginkgo-Baum. Er stammt aus Ostasien, kam dort schon im Unterperm (vor 290 Millionen Jahren) vor. Holländische Seefahrer brachten ihn aus Japan nach Europa, wo er seit 1730 als Zierbaum bekannt ist.

Ginkgo-Blätter. Der Alte Botanische Garten wird vom Kieler Grünflächenamt gepflegt

Verwaltungshaus und Gartenhäuschen (rechts unten)

Gut Knoop (Südseite zum Kanal)

1912 entsteht ein Gartentempel mit Ausblick auf den Kanal (Architekt Rudolf Alexander Schröder) – Jagdmotive in Terrakotta

KIEL-CANAL – GUT KNOOP

Gut Knoop („Arx Cnopia") am Kiel-Canal westlich, von Holtenau, wird urkundlich erstmalig 1322 erwähnt. Das einstige Wasserschloss war von Gräben umgeben, gespeist vom Flüsschen Levensau. Gründer soll ein Lupus de Knope („Wolf von Knoop") gewesen sein; dessen Nachfolger kommen aus sächsischen und holsteiner Adelsfamilien. Im 18. Jahrhundert sind berühmte Dichter wie Herder und Klopstock zu Gast auf Knoop. 1795–1800 lässt Heinrich Friedrich Graf von Baudissin das heutige, klassizistische Herrenhaus errichten (Architekt Axel Bundsen) – eines der reifsten dieser Stilrichtung in Schleswig-Holstein. Etwa 70 Jahre nach Eröffnung des Alten Eiderkanals (1784) wird Gut Knoop beliebtes Ausflugsziel der Kieler, die sich per Dampfboot zur Knooper Schleuse fahren lassen. Gut Knoop kann für Veranstaltungen (z.B. Hochzeiten) gebucht oder nach Voranmeldung besichtigt werden.

Nord-Ostsee-Kanal (international: Kiel-Canal) bei Levensau. Der Kanal wird bis 2014 begradigt und wohl auch auf zwölf Meter vertieft werden. Dann ist er für 280 Meter lange Schiffe passierbar

Made in Kiel: die Voith Maxima 40 CC ist mit fast 5000 PS (3600 kW) die zur Zeit stärkste einmotorige sechsachsige dieselhydraulische Lok der Welt (Werksfoto Voith)

Haus an der Prinz-Heinrich-Straße / Adalbertstraße. Bierkneipen in der Adalbertstraße waren für Generationen Matrosen „nächstliegende Anlaufstellen“

KIEL-WIK

Im 14. Jahrhundert ist das Bauerndorf Wik im Besitz des Heiligengeisthospitals in Kiel – eine Schenkung Graf Johann II. von Holstein-Schauenburg. Von 1572 bis 1738 gehört es mit seinen (bis 1768) leibeigenen Hufnern und Kätnern zum Gut Kronshagen. 1893 wird das Dorf Wik nach Kiel eingemeindet – da steht längst fest, wer seine Pläne verwirklichen wird: nicht Kiel mit einem Tiefwasser-Handelshafen südlich der Schleusen des Kaiser-Wilhelm-Kanals, sondern die Marine. Die beruft sich auf das Reichskriegshafengesetz. Ab 1902 baut sie in der Wik ein riesiges Kasernenviertel: um einen Appellplatz gruppieren sich 16 Kasernen für je 300 Marinesoldaten der I. Werftdivision und der I. Torpedodivision. 1904 verliert Kiel den „Hafenprozess“ um die Nutzung großer Aufschüttungsflächen aus dem Kanal-Neubau in Holtenau gegen den kaiserlichen Reichsfiskus. Als Ausgleich wird der Stadt ein 450 Meter langer Kanalhafen unterhalb der Holtenauer Hochbrücke zugesprochen. Im selben Jahr wird die Wiker Garnisonkirche (heute Petruskirche) mit 1100 Plätzen gegenüber dem Marinelazarett eingeweiht. 1905/06 folgen hafenseitig Werkstätten; ein Marinelazarett mit Park wird gebaut; in der Nähe entsteht eine Brotfabrik („Flügge-Brot“). Zuletzt – 1913 – wird die Ingenieur- und Deckoffizierschule an der Arkonastraße, die spätere Technische Marineschule (TMS) fertig.

Die KiWi GmbH (Wik, Am Kiel-Canal) – als Kieler Wirtschaftsförderungs- und Strukturentwicklungs GmbH Bindeglied zwischen Wirtschaft und der Landeshauptstadt Kiel (betreut Unternehmen in Standort-, Innovations- und Finanzierungsfragen)

Mercatorhaus (Ministerium für Landwirtschaft, Umwelt und ländliche Räume)

Petruskirche – 1907 als Garnisonkirche gebaut (Architekt R. Curjel), heute als Konzertsaal genutzt

Eingang des Hauptgebäudes des ehemaligen Marinelazaretts an der Weimarer Straße

Ehemaliger Wasserturm – die Flotte verlangte unabhängige Versorgung

Ehemaliges Dienstgebäude auf dem Lazarettgelände

Schmiedeeiserner Zaun um das Lazarettgelände

Nach dem verlorenen Ersten Weltkrieg – inmitten eines bescheidenen wirtschaftlichen Aufschwungs – pachtet Kiel 1924 vom Staat für zwanzig Jahre Teile des Scheerhafens und eröffnet einen Freihafen. Bereits 1935 kündigen die Nationalsozialisten den Vertrag wegen „Eigenbedarfs" – Signal der Wiederaufrüstung. Kiels Industriebetriebe schalten um auf Rüstung. Wieder gibt es eine Scheinblüte, wieder ist Kiel wehrlos in der Umklammerung staatlicher Willkür. Was Kaiserreich und Kaiserliche Marine in der Wik an Kasernenanlagen, Kais und Versorgungseinrichtungen begonnen hatten, setzen Nationalsozialisten und Kriegsmarine ab 1934 unter Umgehung aller städtischen Rechte und verbrieften Privilegien fort. Die wirtschaftlichen Nachbeben für Kiel dauern bis zum Ende des 20. Jahrhunderts. Heute ist die Wik ein aufstrebender Industriestandort: 2002 setzt die Knierim Yachtbau GmbH – Erbauer von Hi-Tech Regatta-Yachten („UCA") – mit dem Umzug von Laboe in die Wik ein erstes Signal. Historischer Wendepunkt ist schließlich 2006 die Ansiedlung der Voith Turbo Lokomotivtechnik GmbH & Co. KG mit Sitz in Kiel-Wik; ihre dieselhydraulischen Lokomotiven „Maxima" und „Gravita" sind Verkaufsschlager.

Die ehemalige Bundeswehr-Fachschule (zuvor Städtische Handelslehranstalten) von 1935 im Stile des „Neuen Bauens" der 1920er Jahre, sichtlich vermischt mit NS-Architektur

Kunstkeramik-Bauschmuck der KKK von Franz Blazek

Heute ist das Verhältnis zwischen Stadt und Deutscher Marine völlig unbelastet, wie die reibungslose Zusammenarbeit bei der alljährlichen Herausforderung Kieler Woche mit über drei Millionen Besuchern und hunderten Gastschiffen und Booten beweist. Zeugen der Wiker militärischen Vergangenheit sollen möglichst erhalten bleiben. Beispiel ist das historische Ensemble um das ehemalige Lazarett; es ist zu einem städtebaulichen Kleinod geworden. Damit ist die zivil-militärische Nutzung des Wiker Marineviertels noch nicht abgeschlossen. Zum Verkauf stehen die E-förmigen ehemaligen Marinegebäude am Scheerhafen, in denen Kiels „Tatort"-Kommissar Klaus Borowski (vom Kieler Axel Milberg gespielt) in vielen Folgen seine „Polizeidienststelle" hat. Statt eines Marine-Technik-Museums, das aus finanziellen Gründen nicht verwirklicht werden konnte, rotiert, zischt und dröhnt es dank privater Initiativen in ehemaligen Gaswerkgebäuden direkt am Kanal. Hier hat das „Maschinenmuseum Kiel-Wik" eine in Norddeutschland einmalige Motorensammlung zusammen gestellt und zum Laufen gebracht – selbstverständlich mit den Schwerpunkten Kieler Werften, Kieler Marinetechnik, Kieler Motoren- und Aggregatebau.

Fassadenschmuck an der ehemaligen TMS. Auf dem Turm eine Flottillenadmirals-Flagge

MARINESIEDLUNGEN

Ein Jahr vor den vergleichsweise wohnlich gestalteten Marinesiedlungen in Kiel-Elmschenhagen entsteht an der Paul-Fuß-Straße ein schnell hochgezogener, fast schmuckloser Backstein-Wohnkomplex – kaum aufwändiger gebaut als eine Kaserne. Die Nationalsozialisten pumpen zu dieser Zeit alles Geld in ihre Hochrüstung, müssen aber gleichzeitig die Familien der vielen Marineangehörigen unterbringen, die nach Kiel versetzt werden. Ähnlich schmucklose Marine-Wohnquartiere entstehen etwa zur selben Zeit am Hasseldieksdammer Weg und in Kiel-Dietrichsdorf.

Bescheidener Bauschmuck – Sandsteinreliefs als Türbekrönungen

Fast-Hoheitsadler mit Schwert in den Fängen über dem Eingang zum Innenhof der Marinesiedlung (erbaut 1938). Die Engländer lassen ihn 1945/46 – heute überraschend – am Platze, verlangen aber die Entfernung eingemeißelter pathetischer Textstellen

FORSTBAUMSCHULE

Kiel im 18. Jahrhundert: Enormer Holzbedarf für Schiff- und Hausbau, Ziegeleien, Manufakturen, Herd und Ofenheizung – von den einst üppigen Wäldern ist wenig geblieben. Holz wird zur Mangelware. Der dänische Staat sucht nach Lösungen. Staatsminister Christian Detlev Friedrich von Reventlou lässt zwei Forstlehranstalten gründen – eine in Helsingør, eine in Kiel. 1788 legen Forst-Eleven eine etwa ein Hektar große Baumschule im Düvelsbeker Gehölz an. August Christian Heinrich Niemann leitet das Kieler Institut, das Theorie und Praxis vereint. Es bildet Forstbeamte aus, liefert Setzlinge und Sämereien für die königlichen Waldgehege. Nach dem Tode Professor Niemanns (1832) wird die Forstlehranstalt aufgegeben, aber als Handelsbaumschule weitergeführt. 1867 wird das Gelände preußisch. 1874 übernimmt es die Stadt. Bis 1900 lässt sie es zu einem öffentlichen Park umgestalten. 1905 entsteht die rustikale, von Generationen Kielern geliebte Gaststätte „Forstbaumschule". Heute ist der Park mit Spiel- und Liegewiese und altem Baumbestand – darunter eine über 200 Jahre alte Säuleneiche – der erste und wohl auch schönste seiner Art in Schleswig-Holstein.

Kleine (alte) Holtenauer Schleusen: Hier mündete das Flüsschen Levensau in die Förde, ebenso der Eiderkanal. Beide Schleusenkammern sind 125 Meter lang und 22 Meter breit (Tiefe 9,80 Meter). Diese alten Schleusen waren bereits ein Jahr vor Eröffnung des Kaiser-Wilhelm-Kanals (1895) betriebsbereit. Im Gegensatz zu den neuen Holtenauer Schleusen, die durch Schiebetore verschlossen werden, schließen hier Stemmpaartore die Schleusenkammern. 1973–75 wurden die alten Holtenauer Schleusen erneuert. Sie entlasten die Hauptschleusen, indem hier weiterhin kleinere Schiffe ein- und ausgeschleust werden

Tiessenkai (benannt nach dem gleichnamigen ehemaligen Schiffsausrüster – heute Café)

Obelisk (7,5 Meter hoch) zur Eiderkanal-Einweihung 1784

Romantisch wie in den 1920er Jahren – der Tiessenkai

Packhaus von 1784 (bis 1978 Speicher) – Wohnhaus und Restaurant

Am 14. Juni 1914 weiht Kaiser Wilhelm II. die neuen Holtenauer Schleusen ein. Zu jener Zeit waren es die größten der Welt, ausgelegt für die Kaiserliche Marine. Ihre Kammern sind 330 Meter lang und 45 Meter breit bei 14,10 Metern Sohlentiefe. Die Schleusen in Holtenau und Brunsbüttel gleichen sieben Zentimeter Gezeitenunterschied aus, vor allem aber die erheblich schwankenden Wasserstände der Kieler Förde und der Elbmündung. Das Schleusen dauert etwa 45 Minuten. International wird nur vom „Kiel-Canal“ gesprochen

Reichsadler-Mosaik in der „Drei-Kaiser-Halle“ des Holtenauer Leuchtturms (der Reichsadler mit dem Preußenadler auf der Brust; Schwarz und Weiß sind die Farben Preußens)

KIEL-HOLTENAU

Das Dorf Holtenau an der Förde gibt es mindestens seit dem 15. Jahrhundert. Bis 1570 sind die Bauern Untertanen der Knooper Gutsherren, bis 1789 deren Leibeigene. Als solche haben sie Spanndienste und Abgaben zu leisten, unterstehen aber auch dem Schutze ihres Gutsherrn. Weniger der noch mäßig befahrene, 1779 fertiggestellte „Schleswig-Holsteinische Canal“ (Eiderkanal) als der seit 1895 eröffnete „Kaiser-Wilhelm-Kanal“ geben dem Dorf Wachstumsschübe: Kanalbeamte, Lotsen, Kapitäne, Seeleute, Kohlen- und Schiffsprovianthändler ziehen nach Holtenau. Im Norden entsteht ein „Fort Holtenau“ zum Schutze der Friedrichsorter Festung, im Süden wächst der Reichskriegshafen Kiel stürmisch weiter – mit Militär- und Hafenbauten auf der anderen Kanalseite, in der Wik.

Leuchtturm Holtenau von 1895 – heute beliebte Trauungsstätte (über Kiel-Marketing e.V.)

Neue Holtenauer Hochbrücke von 1996, Gesamtlänge 518,40 Meter

Seemannsheim Kiel-Holtenau (erbaut 1935)

Warten auf eine neue Generation sparsamer „Flüsterjets" mit kurzem Start- und Landeverhalten: Kiels moderner Flughafen Holtenau – der Bedarf ist da, über die Charterfliegerei (Foto) hinaus

1913 entsteht auf der Halbinsel Voßbrook auf riesigen, planierten Aufschüttungsmengen aus dem Kanalbau der Marineflugplatz Holtenau – Keimzelle der heutigen Marineflieger. 1927 gründet sich auf dem militärisch brach liegenden Flugplatz die Kieler Flughafengesellschaft (KFG) und beginnt mit zivilem Flugbetrieb. Doch bereits 1934 beansprucht die Luftwaffe das Gelände und baut es bis 1938 zum Militärflugplatz aus. Dabei muss der Turm der Dankeskirche gestutzt werden. Im Zweiten Weltkrieg hat Holtenau nur geringe Schäden: möglicherweise schonten die Alliierten den auch für sie nutzbaren Kanal aus strategischen Gründen angesichts des für sie längst gewonnenen Krieges. Deshalb nimmt Holtenau nach dem Kriege überdurchschnittlich viele Flüchtlinge auf. Heute ist der Stadtteil am Kanal ein besonders schönes Stückchen Kiel.

Blick von der Holtenauer Hochbrücke über Friedrichsort (Kräne der Lindenau-Werft) bis Laboe

Tonnenhof des Wasser- und Schifffahrtsamtes in Kiel-Holtenau mit dem Mehrzweckschiff „Scharhörn" (Baujahr 1974)

„Mercedes" (Brigg, Amsterdam, NL) – Baujahr 1958 als Fischereifahrzeug – 2005 Umbau zum Segelschiff für 140 Passagiere – häufig Gast in Kiel

„Trivia" (KYC) – Klassische Rennyacht der 12mR-Klasse (Baujahr 1937 bei Camper & Nicholsons, GB). Der America's Cup wurde zwischen 1958 und 1987 mit diesen 12er-Yachten ausgesegelt

MaK – einer der wenigen Industrie-Areale in Deutschland mit tidenfreiem Tiefwasser-Kai und Verladeeinrichtung. Kiel braucht für neue Industrieansiedlungen weiteres Gelände mit Kaianlagen

Friedrichsorter Strände bieten vielfältige Freizeitmöglichkeiten zu jeder Jahreszeit

Leuchtturm Friedrichsort von 197 (beliebter „Aussichtspunkt" zur Kieler Woche, wie hier)

KIEL-FRIEDRICHSORT

Friedrichsort liegt an der schmalsten Stelle der Kieler Förde. Hier lässt Dänemarks König Christian IV. im Dreißigjährigen Krieg eine Festung Christianspries anlegen (1632 fertig). Drei Jahre später von schwedischen Truppen gestürmt, verfällt sie bald danach. Christians Nachfolger Frederik III. baut 1663-67 eine neue, stärkere Festung und nennt sie Friedrichsort. Unter Preußen wird sie zu einem Stützpunkt militär-industrieller Größe: 1866 nur Artilleriedepot, 1877 bereits „Torpedowerkstatt" (heute MaK-Gelände). Weitere Anlagen und militärische Produktionsstätten entstehen. 1894 wird die Matrosen-Artillerie-Kaserne („Scheer-Kaserne") bezogen (Abriss 1977). Pries-Friedrichsort wächst mit der Marine. Bei der Eingemeindung nach Kiel (1922) verschmelzen Pries und Friedrichsort – seither wird der Stadtteil allgemein nur Friedrichsort genannt. Zerstörungen im Zweiten Weltkrieg treffen auch die Festungsanlagen. Überbleibsel der dänischen und preußischen Militär-Ära sind touristisch-historisch interessant: erhaltene Anlagen (Kasematten) und Spuren der ältesten deutschen Festung sollen auf dem schmalen Grat zwischen kommerzieller Nutzung und Denkmalschutz zugänglich gemacht werden. Heute ist Friedrichsort ein moderner, wie eine selbstständige Kleinstadt wirkender Kieler Vorort. Die gemütliche Fußgängerzone erinnert an die in Eckernförde. Nördlich von Friedrichsort gibt es den breitesten und kinderfreundlichsten (weil flachen) Sandstrand der westlichen Ostsee. Generationen Großstadtkinder haben hier – von der Kieler Arbeiter-Wohlfahrt (AWO) organisiert – unvergessliche Sommerferien verbracht und die kostenlose tägliche Fahrt mit dem Fördedampfer genossen.

Nordöstlich, am anderen Fördeufer, liegt das Seebad Laboe mit seinem weltberühmten Ehrenmal

Leuchtturm von 1866 kurz vor dem Abriss – die „Laterne" steht heute im Zentrum Friedrichsorts

Bethlehem-Kirche (1875 als Garnisonkirche eingeweiht) – heute auch als stimmungsvoller Konzertsaal genutzt

Eine Bake als Dachkonstruktion in der Friedrichsorter Fußgängerstraße

In Friedrichsort gibt es leistungsstarke Industrien, konzentriert wie an keinem anderen Ort des Landes: Die Werften Lindenau, Gebr. Friedrich und Rathje bauen Doppelhüllentanker, Spezialschiffe, Yachten und Hausboote; Rheinmetall baut Panzer-Prototypen; MaK Diesellokomotiven; Caterpillar Schiffs-Dieselmotoren der weltbekannten Marke MaK (u.a. im Traditionsschiff M/S „Stadt Kiel" und in „AIDA"-Kreuzfahrtschiffen) – und wird hoffentlich Weltmarktführer bei der bis 2014 vorgesehenen Umstellung auf Dieselöl-Schiffsmotoren, die schwefelärmere Abgase haben. Auch die heutige Gießerei Kiel GmbH ist aus der MaK hervorgegangen. International operiert der IT-Spezialist MaK-DATA SYSTEM (Consist Software Solutions GmbH). Die MaK war in den 1990er Jahren in mehrere Einzelunternehmen aufgespalten worden; einige Produktionszweige wurden eingestellt, andere kamen hinzu. Kiel-typisch: hier festigen und erhalten Synergien bestehende Betriebe trotz teils turbulenter Besitzerwechsel und Krisen. Friedrichsort ist gleichsam der Leuchtturm der Industrie- und Facharbeiterstadt Kiel.

Die Lindenau-Werft ist mit ihren Doppelhüllentankern technologisch weltweit führend. Sie fertigt außerdem Schwimmdocks, Spezial-, Forschungs- und Fahrgastschiffe sowie Schlepper (siehe Seite 54). Im Sog der gesamtwirtschaftlichen Krise und weltweit sinkender Frachtraten war die Werft Anfang 2009 in raues Fahrwasser geraten

(Denkbar ist ein Joint Venture mit dem benachbarten Schiffsmotoren-Hersteller Caterpillar/MaK: Einbau der ab 2014 neuen, schwefelarmen Dieselöl-Schiffsmotoren-Generation bei Lindenau)

Hafengelände für neue Industrien zwischen dem 2004 geschlossenen „Ortopädia"-Werk (links) und dem Gemeinschaftskraftwerk Kiel – GKK, das in wenigen Jahren ersetzt werden soll

Hochbunker „D": zum Kultur- und Veranstaltungszentrum auf dem FH-Campus umgebaut

Wasserturm an der höchsten Stelle Dietrichsdorfs (bei der Toni-Jensen-Schule)

KIEL-DIETRICHSDORF

Von allen Kieler Stadtteilen hat Dietrichsdorf seit der Jahrhundertwende die größten Veränderungen erfahren. Im Weltkrieg wegen der Howaldt-Werft, dem U-Boot-Bunker und vieler anderer militärischer Einrichtungen einer der meistzerstörten Vororte, werden letzte Baulücken und Industriebrachen bald geschlossen sein. Die Fachhochschule Kiel hat zwei Hochbunker auf ihrem Campus zu Attraktionen umgebaut: Bunker „D" ist ein Kultur- und Veranstaltungszentrum und der Luftschutzbunker Eichenbergskamp beherbergt ein in Deutschland einmaliges Computermuseum. Zusammen mit dem Mediendom und der Howaldtschen Eisengießerei hat Dietrichsdorf damit die größte Dichte an Kieler „Bildungsattraktionen" außerhalb der Innenstadt aufzuweisen.

Im ehemaligen HDW-Verwaltungshochhaus sind FH-Institute und -Fachbereiche untergebracht. Auf dem Dach befindet sich eine Sternwarte. Der „Mediendom" (2003 eröffnet) auf dem FH-Campus ist Deutschlands modernstes Klein-Planetarium. Mit spektakulären Veranstaltungsreihen („Sterne über Kiel") hat sich der Mediendom einen Namen gemacht

Campus der FH Kiel vom Schwentine-Fähranleger gesehen (die Fähre ist in wenigen Minuten auf der anderen Fördeseite). Im Hintergrund auf dem Hochhausdach die Sternwarte. Vorn Privatboote

Dietrichsdorfs Werftarbeitersiedlung, wegen der Straßennamen „Afrika"-Viertel genannt, erbaut 1938–42 und im Krieg stark zerstört

Metallgießerei von 1884 der „Kieler Schiffswerft" Georg Howaldt (Architekt Heinrich Moldenschardt) – seit 2005 Industriemuseum Howaldtsche Metallgießerei e.V. – Spiegelung in einem FH-Gebäude

Kompass-Klinik Kiel – seit 1993 im ehemaligen Anschütz-Gebäude an der Schwentinemündung, in dem Kreiselkompasse gebaut wurden

Die Erneuerung der Schwentinebrücken mit dem Mühlenareal (2009) ist der dritte Schritt in der Entwicklung Dietrichsdorfs – nach dem Bau des Ostuferhafens und des Campus der Fachhochschule Kiel auf ehemaligem Howaldt-Werftgelände. Um die technische Art eines neuen Kraftwerks wird politisch gerungen. Kiels Ostuferhafen könnte von der arktischen Eisschmelze profitieren – er wäre Deutschlands nächstgelegener Tiefwasserhafen für Schiffe, die bei der Nordwestpassage 8000 Kilometer (!) gegenüber der normalen Schifffahrtsroute Europa–Asien einsparen.

Ostuferhafen Ellerbek

Schornstein der
letzten Ellerbeker
Fischräucherei Kruse
(heute Lokal)

Einer der letzten Getreideleichter am
Getreidesauger der „Holsatia-Mühle"
an der Schwentine-Mündung (Foto
von ewa 1970)

Schwentinemündung kurz nach dem Abriss der
Holsatia-Mühlenruine (2008) und vor der Sanierung
der Schwentinebrücken – Blickrichung Förde (vorn
der Anleger der Schwentinetalfahrt)

KIEL-ELLERBEK – KIEL-WELLINGDORF

Die Industrialisierung einer kleinen Flussmündung innerhalb nur einer Generation (etwa zwischen 1870 und 1900) ist beispiellos in Deutschland. An der Schwentinemündung entstehen Werften, Kaimauern, Schiffsanleger, Docks und ein großes Marinearsenal, wo zuvor Fischerkaten standen, Schilf wogte und Fischerboote auf Naturstränden lagen. Ellerbek – seit dem 13. Jahrhundert Fischerdorf – muss weichen. Fischerfamilien werden nach Wellingdorf umgesiedelt. Ellerbek wird zum Rungholt im Meer einer maßlosen und verhängnisvollen kaiserlichen Flottenpolitik. Nach dem Ersten Weltkrieg setzt sich die Industrialisierung an der Schwentinemündung fort, zieht Erfinder und Geistesgrößen magisch an: Hermann Anschütz-Kaempfe (Kreiselkompass), Alexander Behm (Echolot), Rudolf Hell (Hell-Schreiber, Klischograph), Rudolf Kühnhold (SONAR und RADAR) – und Albert Einstein. Der Nobelpreisträger segelt häufig mit Hermann Anschütz-Kaempfe, besitzt Segelboot und Häuschen an der Schwentinemündung, will sogar nach Kiel ziehen. Im Zweiten Weltkrieg fallen auf auf einen Quadradkilometer Alt-Ellerbek mehr Bomben als irgendwo sonst in Kiel. Selbst eine als Museumsgebäude stehen gelassene Ellerbeker Fischerkate wird vollständig vernichtet. Von den einst zahlreichen Fischräuchereien (Ellerbeker erfanden die „Kieler Sprotten") ist ein einziger, heute rauchloser Schornstein stehengeblieben. Keines der alten, holzgeklinkerten, schwarzen Ellerbeker Fischerboote mit ihren gelb-grünen Streifen an der Scheuerleiste ist erhalten. Heute gibt es an der Schwentinemündung mit der Forschungsanstalt für Wasserschall und Geophysik (FWG) auf dem Arsenalgelände und dem IFM-GEOMAR wieder bedeutende Forschungseinrichtungen. Sehenswert ist die 2009 neu gestaltete Schwentinemündung (Lunaplatz, Promenade und Schwentinetalfahrt-Anleger).

Fachhochschule Metallgießerei Kompass-Klinik Segel-Verein Schwentinemünde e.V. Schwentinebrück

Ehemaliges Ausrüstungsarsenal der Kriegsmarine von 1940 (heute vom IFM-GEOMAR genutzt) – eines der wenigen erhaltenen Gebäude aus der Vorkriegszeit. Erker-Skulptur von Erich Schmidt-Kabul

Sparkasse Wellingdorf (klinkerexpressionistisch, Architekt Johann Theede, 1927). Bis zur Einstellung 1985 fuhr die Straßenbahn-Linie 4 eine Schleife um das Gebäude

Windfahne auf dem Seefischmarkt, der am 6.3.1948 gegründet wurde. 1979 endeten in Kiel die Anlandungen und Seefisch-Auktionen

Schornsteinmarke der Kieler Fangflotte („Hochseefischerei Kiel"). 1970 geht sie in der Cuxhavener „Nordsee"-Reederei auf (Foto von 1969)

ttorina" / IFM-GEOMAR „Alexandra" und „Wal" (Gastschiffe) Seefischmarkt

KIEL-ELMSCHENHAGEN

Das Bauerndorf Elmschenhagen wird 1286 erstmals unter dem Namen Elvereshagen („Elch im Hagen") urkundlich erwähnt. Zwischen der Gaststätte Reimers, der Maria-Magdalenen-Kirche und dem Vorstadtbahnhof sind noch Spuren des alten Dorfkerns zu finden. Der alte, für eine Vorstadt recht große und parkähnliche Friedhof enthält einige interessante Gräber. Unter dem Friedhof befindet sich eine Schutzbunkeranlage aus dem Zweiten Weltkrieg, mit Nebenausgängen zum (noch stillgelegten) Elmschenhagener Bahnhof. Seit 1939 gehört Elmschenhagen zu Kiel.

Mietshaus, typisch für die Zeit um 1910 an Kieler Ausfallstraßen: kleine Wohnungen, Gemeinschafts-WC pro Stockwerk. Dieses Haus an der Preetzer Straße ist hervorragend modernisiert

Aus der Bauzeit erhaltene Tür und Sprossen-Holzfenster (meistens inzwischen erneuert) – davor ein schmaler, mit Kirschbäumen bepflanzter und mit einer Hecke gesäumter Grünstreifen, wie in der Siedlung ursprünglich vorgesehen (s. unten)

Alt-Elmschenhagen war in der Grundversorgung autonom. Die Mühle lieferte auch Futtermittel für Kleinvieh, das zur Versorgung vieler Arbeiterfamilien beitrug.

Es gab eine Meierei („Dreikronen"), zwei Ziegeleien und alle wichtigen Geschäfte

Typische Straße der Gartenstadt Elmschenhagen-Nord (Tiroler Ring)

Ehemaliger Bauernhof in Alt-Elmschenhagen, heute Antikscheune

Das ehemalige Kino „Domkrug" (1960 gab es in Elmschenhagen drei Kinos)

Unten: das ehemalige Elmschenhagener Rathaus, heute Kindergarten

In Elmschenhagen-Süd (Bebelplatz und an der Teplitzer Allee) wie -Nord (Andreas-Hofer-Platz, heute noch mit wöchentlichem Markt) gibt es bis in die 1980er Jahre Einzelhandelsgeschäfte für den täglichen Bedarf. Die Inhaber wohnten über ihrem Geschäft. Fast alle Original-Schriftzüge aus Eisen sind inzwischen verschwunden

Elmschenhagen-Süd. Nur vereinzelt weicht man von der schlichten und gleichförmigen Bebauung ab, wie bei diesem Erker in der Reichenberger Allee. Originale, vierfeldrige Holzsprossenfenster sind inzwischen gegen Isolierfenster ausgetauscht

Originaltür Elmschenhagen-Süd

Gleich nach der Eingemeindung lässt die Kriegsmarine als größte Kieler Baumaßnahme eine Doppelsiedlung für ihre Angehörigen entstehen: die „Gartenstädte" Elmschenhagen-Nord und Elmschenhagen-Süd. Vor allem Elmschenhagen-Nord wird nach den Prinzipien des Briten Ebenezer Howard von 1898 gestaltet (Ausführung: Frank-Heimbau). Beide Siedlungen trennt die von alten Linden eingefasste Preetzer Chaussee (heute Schnellstraße). Eine Oberleitungsbuslinie mit einem Abzweiger nach Elmschenhagen-Süd verbindet den rasch wachsenden Stadtteil mit der Innenstadt. Die Siedlungen erhalten Straßennamen der jüngsten, noch unblutigen nationalsozialistischen „Heim-ins-Reich"-Erfolge – österreichische und südtiroler Namen (Nord) und sudetendeutsche (Süd). Den Nationalsozialisten passt die aufgelockerte „grüne" Bebauung ins Konzept – weil sie bei Luftangriffen weniger Opfer fordert als eine eng gebaute Siedlung. Einzelne Straßenzüge und Blocks werden ab 1943 aus Arbeiter- und Materialmangel nicht weitergebaut. Vor allem Elmschenhagen-Nord leidet unter der nahen Batteriestellung Heidberg und wird stark bombardiert. Beide Siedlungen werden in den 1950er Jahren fertiggestellt, darunter die im Krieg beschädigte Hermann-Löns-Schule. Elmschenhagen ist heute ein beliebter, grüner, stadtnaher Wohnort.

Als einziger Fassadenschmuck werden bei Baubeginn 1938/39 Wappen der gerade „heim ins Reich" geholten sudetendeutschen Städte angebracht. Die Straßennamen bleiben nach dem Kriege und bis heute unbeanstandet (hier „Trautenauer Straße")

Kanaldeckel der Eisengießerei Vollert & Merkel (1891–1973) – auch Zulieferer für Werften

Allg. Konsum-Verein für Kiel und Umgebung: 1899 in Gaarden gegründet zur Versorgung der Arbeiterfamilien mit Grundnahrungsmitteln – heute coop Schleswig-Holstein eG (SKY und PLAZA, Eigenmarken „Unser Norden", „Landklasse") – Schriftbogen in der Kieler Zentrale

„Mietskasernen" werden die Einheitshäuser der Zeit stürmischen Wachstums (1890–1910) abfällig genannt. Dieses Haus ist eines der letzten im originalen Zustand – die meisten sind inzwischen modernisiert

Arbeiterkinder 1925. Der unbekannte Fotograf zieht mit seiner Balgenkamera durch die Straßen und verdient an den verkauften Abzügen. Einen ähnlichen Broterwerb haben Drehorgelspieler, deren Musik man beim Betrachten alter Fotos zu hören glaubt. Die Arbeiterkinder spielen damals in Hinterhöfen und auf den wenig befahrenen Straßen. Kleine soziale Unterschiede: nur eines der Mädchen drückt eine Puppe; ein Junge besitzt ein Dreirad; ein anderer trägt noch den „Kieler Matrosenanzug" von Bleyle – die Begeisterung für Kaisers Flotte war selbst in Kiel erkaltet. Im Hintergrund zwei „Eckensteher" – wohl Erwerbslose, wie man sie damals nennt

KIEL-GAARDEN

Im Mittelalter gibt es gegenüber von Kiel ein Dorf „Hemmigesthorpe", später einfach „Garten" genannt – Gaarden. Seit 1901 ist es ein Stadtteil von Kiel (mit Gaarden-Süd seit 1910). In Gaarden entstehen die „Kaiserliche Werft" und die „Norddeutsche Werft" (1882 „Schiff- und Maschinenbau AG Germania", ab 1902 „Friedr. Krupp Germaniawerft Kiel-Gaarden"). Zulieferbetriebe wie die Eisengießerei „Vollert & Merkel" siedeln sich an. Kleine Kaufhäuser eröffnen („Stahl & Stiller"), Geschäfte und Betriebe jeder Art entstehen an der Peripherie der Werften – aber auch Bier- und Versammlungslokale. Die Folge: an Zahltagen warten Frauen an den Werfttoren, um Haushaltsgeld aus der Lohntüte zu entnehmen. Arbeiter aus ganz Deutschland finden Arbeit in Kiel-Gaarden. Ihre Familien werden in schnell hochge-

Werftparktheater Gaarden – vielfach preisgekrönte, experimentierfreudige Gaardener Bühne

Bindfaden-Manufaktur (auch für Sprotten-Versandkisten)

1927 als „Milchhof Kiel" Europas erste Etagenmeierei (Architekt Johann Theede). 1930–70 Margarinefabrik, seit 2006 Kulturzentrum

zogenen, vierstöckigen „Mietskasernen" untergebracht. Ausnahme: ab 1902 beziehen Germania-Werftarbeiter die neue Krupp'sche Siedlung am Germaniaring (heute Ostring) – mit WC in der eigenen Wohnung. Standard war das Häuschen im Hinterhof für alle oder das Gemeinschafts-Eimerklosett auf der Etage. Gaardens Zentrum wird der Vinetaplatz, benannt nach einem Kreuzer. Am Vinetaplatz entstehen repräsentative Wohn- und Geschäftshäuser (die östliche Reihe musste später abgerissen werden, sie hatte dem moorigen Grund nachgegeben). Ab 1908 pendeln drei baugleiche Fähren, die auch Pferdefuhrwerke aufnehmen können, zwischen Gaarden und Kiel. Auf dem Höhepunkt des Schiffbaus – durch die fatale kaiserliche Flottenpolitik – steigt Gaardens Einwohnerzahl von 2.715 (1871) auf 38.297 (1914). Soziale Einrichtungen wie die Arbeiterwohlfahrt (AWO) und der Allgemeine Konsum-Verein für Kiel und Umgebung („Konsum", heute coop) entstehen; beide werden in der Zeit nach dem Zweiten Weltkrieg noch einmal an Bedeutung gewinnen. Es entwickelt sich ein friedliches Nebeneinander proletarischer und bürgerlicher Kultur. Gaarden wird Hochburg der SPD und der KPD. Aber Arbeits- und Perspektivlosigkeit in der Weltwirtschaftskrise treibt viele ab 1930 in die Arme der Nationalsozialisten, die aggressiv und geschickt für ihre (noch getarnten) Ziele werben. Ab 1934 setzt eine wirtschaftliche Scheinblüte ein und wird von der NSDAP als Verdienst Hitlers dargestellt. Gaardener Werften bauen wieder Kriegsschiffe – das alte Muster wiederholt sich. Noch unmittelbar vor dem Zweiten Weltkrieg lässt Krupp weitere Siedlungen für seine Werftarbeiter bauen (zwischen Buschfeldstraße und dem heutigen Ostring).

Brunnenskulptur „Tanzpaar" von Hans Kock. Der Vinetaplatz entstand 1900 und ist seit 1907 Marktplatz. Hier und in der Fußgängerzone Elisabethstraße ist Gaardens Zentrum

Die multikulturelle Fröbelschule in der Iltisstraße

Krupp'sche Siedlung am Ostring – ab 1902 für Arbeiter der Germania-Werft bezugsfertig. Jede Wohnung hatte eine eigene Toilette, Badewannen standen in der Gemeinschaftswaschküche

Thema „Revolution von 1918" am Iltisbunker (Shahin Charmi mit einer ABM-Gruppe, 1988)

Vinetaplatz (vorn) in Verlängerung zur Elisabethstraße. Wie andere Parallelstraßen steigt diese zur höher gelegenen Preetzer Straße deutlich an. Die meist vierstöckigen Mietshäuser der Zeit um 1900 sind typisch für Kiel, nicht nur für Gaarden.

Fast an jeder Gaardener Straßenkreuzung gab es Eckkneipen, die ihre große Zeit während der Vollbeschäftigung der Werften hatten; heute sind viele zu Geschäften oder Imbissen umgebaut worden

Die Nähe zu Werften und Kriegsmarine bringt dem Stadtteil im Zweiten Weltkrieg verheerende Zerstörungen. Alliierte „Flächenbombardierungen" sollen die Moral der Kieler Arbeiterschaft brechen. Dies gelingt nicht. Bis zum Zusammenbruch im April 1945 schleppen sich ausgemergelte, meist ältere und vom Wehrdienst freigestellte Werftarbeiter durch unbeleuchtete Gaardener Straßen; tasten über Trümmerschutt, durch Mörtelstaub und beißenden Rauch zu ihrer Zehnstunden-Schicht – oft unter Bombergedröhn und Sirenengeheul. Bei den zahllosen Angriffen suchen sie Schutz in Luftschutzkellern („LSR"), in Ruinen oder in einem der Gaardener Hochbunker.

Heute ist „Kiels Kreuzberg" – Gaarden – ein Stadtteil im Umbruch. Mehr als 25 Prozent der Einwohnerinnen und Einwohner sind ausländische Mitbürgerinnen und Mitbürger. Sozialer Brennpunkt ist Gaarden-Ost. Der Anteil an Arbeitslosen und Menschen mit niedrigem Einkommen ist hoch. Die Kriminalität ebenfalls. Dennoch gibt es Gutes: Gaardener haben sich mit den Zugezogenen arrangiert. Und Gaardener mit ausländischen Wurzeln identifizieren sich zunehmend mit ihrem Stadtteil, je länger sie hier leben. Sie integrieren sich, ohne sich zu „verbiegen" – sie bleiben meist ihrer Religion treu (in Gaarden gibt es mehrere Moscheen) und fördern tolerant die multikulturelle und wirtschaftliche Entwicklung des Stadtteils. Viele haben Geschäfte mit neuen, marktgerechten Angeboten eröffnet oder bieten eine Dienstleistung an. Sie haben es zu Auskommen und teils bescheidenem Wohlstand gebracht – wie vor über 100 Jahren deutsche „Gaardener Pioniere".

Ostseekai (mit „Alexander von Humboldt") Landesregierung Staatskanzlei Wasserschutzpolizei Blücherbrücke

Reliefs am KVG-Verwaltungsgebäude zeigen symbolisch frühere Beförderungsbereiche. Geblieben sind die selbstständigen Bereiche Busverkehr (KVG) sowie Schlepp- und Fährverkehr (SFK – s. Seite 52–55)

KVG-Partybus Anno 2008

Gaarden hat sozial und kulturell ein beachtliches Netz, das inzwischen fest zusammenhält: Theater am Werftpark, Räucherei, Halle 400, Seibelsche Fabrik, das Mehrgenerationenhaus und zahlreiche, einladende multinationale Cafés und Begegnungsstätten. Da hört man viel dialektgefärbtes Deutsch, vereinzelt sogar noch Gaardener Plattdeutsch. Gaarden ist wie eine Insel: entdeckens- und (manchmals erst auf den zweiten Blick) sogar liebenswert.

Die Kieler Verkehrsgesellschaft mbH (KVG) hat in Gaarden ihren Verwaltungssitz und das Hauptdepot. Sie entstand am 29.12.2001 aus der Kieler Verkehrs AG (KVAG) und betreibt seither Kiels Busliniennetz mit weit über 30 Millionen Fahrgästen pro Jahr. Kiel ist bestrebt, die KVG zurückzukaufen (Stand 2009)

„Neptun"-Brunnenfigur (Fritz During, 1961) vor der Gaardener Jugendherberge (Architekt Rudolf Schroeder) – von der Lage hoch über der Kieler Förde eine der schönsten im Lande

unten: Panoramablick von der Jugendherberge

Blick von der Kieler Straße auf das Gaardener Hochhaus und die HDW-Portalkräne – links das alte Kohlekraftwerk (GKK)

Hobie-Cats (schnelle Segel-Katamarane)
Sekunden nach dem Start

OLYMPIAZENTRUM KIEL-SCHILKSEE

Mit der Vergabe der Olympischen Sommerspiele 1972 (entschieden am 26. April 1966) wird Kiel zum zweiten Male (nach 1936) Olympiastadt – trotz einer massiv für Travemünde eintretenden Lübeck-Hamburger Lobby. Den Ausschlag gibt das in allen Kriterien bessere Kieler Segelrevier und die große Kieler-Woche-Erfahrung der Segelclubs um den KYC. Das bis zur Segelolympiade (Start am 28. August 1972) fertig gestellte Schilkseer Leistungszentrum wurde 2009 modernisiert. Für die Olympia-Vorbereitungen 2012 hat der Deutsche Seglerverband (DSV) Kiel-Schilksee als Deutschlands alleinigen und zentralen Trainingsstandort bestimmt.

Schilksees Regattahaus – errichtet 2008 von der Alfried Krupp von Bohlen und Halbach-Stiftung

Schilksee ist Austragungsort und Hafen für die Segel-Wettkämpfe während der Kieler Woche und anderer, bedeutender Segel-Veranstaltungen. Zusammen mit der benachbarten Marina von Strande gibt es hier das größte Angebot an Liegeplätzen für Privat- und Rennyachten an der westlichen Ostsee.

Hafenmeisterei und Informationsbüro des Olympiazentrums Schilksee –
auf der obersten Plattform die Fackel für das Olympische Feuer

Drachen auf Spinnakerkurs vor Schilksee (die 1929 konstruierte
„Königsklasse" wurde 1972 als Olympiaboot vom Soling verdrängt)

Optimist – kleinstes Segelboot für Anfänger – hier bei der Wassersport-Vereinigung Mönkeberg (WVM)

Kutter des Camp 24|sieben an der Kiellinie beim Segelsetzen – und los geht's (rechts oben)

Realschulklasse aus Bordesholm in Schilksee bei ihrer Projektwoche Segeln

SEGELN LERNEN IN KIEL

Segeln lernen – in Kiel kein Problem. Beispiel Camp 24|sieben: Gesegelte Stadtrundfahrten im Kutter in der Innenförde mit der Familie oder in Gruppen (mit der Pinne in der Hand gibt es erste Erfolgserlebnisse als „Skipper"); oder After Work-Segeln auf einer Yacht oder Jolle (spielend lernen die Teilnehmer das Segeln); oder ein Mini-Yachttörn (erfahrene Skipper zeigen Grundbegriffe auf einer 6,50 m großen Yacht); oder Segel-Specials für Kinder und Jugendliche ab 8 Jahren in den Sommerferien im Camp 24|sieben an der Kiellinie. Beispiel Segelzentrum der Universität Kiel in Schilksee: Segellehrer zeigen auf Deutschlands bestem Segelrevier die Grundbegriffe des Jollen- und Yachtsegelns, des eigenhändigfreien Segelns oder die Tricks des Wind- und Kitesurfens. Ein Ferienpassprogramm der CAU-Segelausbilder weckt Begeisterung für den Segelsport und vermittelt praktisches Know-how.

Jugendwanderkutter auf der Kieler Förde (großes Foto)

Steilküste bei Stohl (Dänischer Wohld) – am Horizont die Küste der Halbinsel Schwansen zwischen Waabs und Damp 2000 – links geht es nach Eckernförde

Regatta vor der Steilküste zwischen Stohl und Dänisch-Nienhof

DÄNISCHER WOHLD

811 werden die Flüsse Eider und Levensau als Grenze zwischen Dänen und Sachsen festgelegt. Der dünn besiedelte Wohld (Wald) ist danach – mit Unterbrechungen – jahrhundertelang dänisch. Im Kern ist die von Jungmoränen und einer Steilküste gekennzeichnete Landschaft Bauernland geblieben, einst unter Adelssitzen und Gütern (Dänisch Nienhof, Knoop, Noer, Seekamp und Eckhof) aufgeteilt. Als Urlaubsregion ist der Dänische Wohld ein Rohdiamant. Vielleicht ist es das, was in Zukunft gefragter sein wird als überteuerte Infrastruktur: Natur, Natürlichkeit, Ruhe – und von drei Seiten die Nähe der Ostsee. Einladend schimmert ihr blaues Band durch Bäume oder über sich im Wind wiegende Raps- und Kornfelder des Dänischen Wohlds.

Fuhlensee südwestlich von Strande

Kieler Bucht bei Altbülk

Krusendorfs Kirche von 1737: schmiedeeisernes Gitter, Detail des Marmorrelief-Kanzelaltars (Arbeit eines vermutlich italienischen, unbekannten Meisters)

Skulptur von Hans Kock (Gut Seekamp)

Alter Dorfgasthof (Dänischenhagen)

Reiten am seichten Ostseestrand

Brigg „Mercedes“ unter vollen Segeln in der Strander Bucht

Bülker Leuchtturm: seit 2009 wieder technisiert (Radaranlage zur Schiffssicherung)

Sandregenpfeifer

Rotschenkel

Stelzenläufer

Austernfischer

Seeschwalbe

Lachmöwe
Mantelmöwe

Die Badewasserqualität der Bäder an der Kieler Förde ist hervorragend

STRÄNDE – PLATZ FÜR NATUR UND FREIZEIT

Die Kieler Förde ist der erstaunliche Beweis, dass Freizeitanspruch und Naturverträglichkeit nicht reglementiert werden müssen. Es scheint, als haben sich hier Segler, Surfer, Angler, Jogger, Radfahrer und Badende mit der Natur arrangiert – denn Platz ist für alle da. An den Stränden zwischen Mönkeberg und Schönberger Strand, zwischen Friedrichsort und Strande lassen sich Vögel nieder – häufige und auch seltene – sobald ein Fluchtabstand besteht. Die Kieler Förde ist für Naturliebhaber (die meisten Menschen sind es zum Glück) ein idealer Beobachtungsplatz – manchmal direkt vom Badetuch aus. Empfehlenswert und ein Erlebnis sind Führungen durch das seit 1939 geschützte Naturschutzgebiet Bottsand bei Wendtorf.

Hobie-16 in der Strander Bucht bei Windstärke 7 – im Hintergrund kommt ein Traditionssegler mit Gästen vom Tagestörn zurück nach Kiel

STRANDE

Strande ist eines der Bäder an der Kieler Förde, das man nicht weiterempfehlen sollte – einfach zu schade für jedermann. Gesegnet mit einem der besten Segel- und Surfreviere an der Ostseeküste direkt vor Strand und Hafenmole, dahinter ein vom Massentourismus verschontes Hinterland (Dänischer Wohld) – Strande bietet alles, was Urlaubern und Tagestouristen Freude, Entspannung und Genuss bringt.

Das vom Kieler Architekten Ernst Prinz 1927 an der Strander Strandstraße gebaute „Tonnenhäuschen"

Starkwind-Surfer – sie kommen von weither an die Kieler Förde, sobald die Wetterlage stimmt

Ostseestrand – freie Auswahl an der Kieler Förde so weit das Auge reicht

Am Strander Hafen ist es nie langweilig

Viele Kieler haben in Strande ihr Boot liegen – der KYC besitzt hier ein großes Bootslager. Die meisten Strande-Urlauber kommen Jahr für Jahr wieder. Im Sommerhalbjahr bringen die Fördedampfer Tagesgäste aus der Landeshauptstadt. Umgekehrt machen Strande-Urlauber gerne eine Dampferfahrt nach Kiel – direkt ins Zentrum der Landeshauptstadt, zum Bummeln oder Einkaufen. Im Stundentakt geht es jederzeit wieder zurück. Diesen Nahverkehr zu Wasser mit Kreuzfahrtgefühl (s. Seite 54) bietet nur die Region Kieler Förde – einzigartig in Deutschland.

Europäischer Meersenf *(Cakile maritima baltica)* – eine der eher seltenen Strandpflanzen an der Kieler Förde

Blick vom Strander Strand auf die Außenförde

Steins Wappenstein
am Ortseingang

Oben der Förde-Wanderweg, unten Strände, die nie überlaufen sind.
Am Horizont in der Bildmitte das Naturschutzgebiet Bottsand

STEIN

Seit der Jahrhundertwende ist das bereits 1240 gegründete Bauerndorf am Ausgang der Kieler Förde wie verwandelt. Zwar immer noch klein, hat Stein inzwischen die Infrastruktur eines Mini-Seebades mit Touristinformation, Hotel-Restaurant, einem Schullandheim und vielen privaten Zimmern jeder Kategorie. Am Sandstrand gibt es eine beliebte, breite Lagune, kleine Dünen und eine Strandkorbkolonie. Ein Surf- und Skateboard-Verleih kalkuliert zu recht mit einer frischen Brise, die ständig über Stein zu streichen scheint. Die lange Seebadebrücke führt zu einer künstlichen Badeinsel mit Sitzgelegenheiten und schwimmtiefem, klarem Ostseewasser. Auf der Deichkrone führt die Verlängerung des Förde-Wanderweges von Kiel über Hohwacht bis Heiligenhafen. Die breite, asphaltierte Deichbefestigung unterhalb des sanft ansteigenden, grasbewachsenen Deiches ist ideal für Radfahrer und Skater.
Steins Hinterland – die Probstei – bietet Urlaubern zudem Abwechslung, die kaum Wünsche offen lässt. Nebenbei: hier wie in der gesamten Region Kieler Förde gibt es noch richtig große Portionen auf Omas normalen Tellern.

Uferschwalbe – Europas kleinste und leider sehr selten gewordene Schwalbe brütet in kleinen Kolonien an den Kliffküsten der Kieler Förde, wie hier bei Stein

Schiffe gucken – oder was?

Steins Lagune ist die wohl schönste an der deutschen Ostseeküste

Unterirdische Ehrenhalle des Laboer Ehrenmals

Blick aus 85 Metern Höhe vom Ehrenmal auf das einzige in Europa erhaltene und als Technisches Museum begehbare Weltkrieg-II-U-Boot vom Typ VII C („U 995") – 1972 wurde es aufgestellt

LABOER EHRENMAL

Das Marine-Ehrenmal in Laboe ist heute eine internationale Gedenkstätte für alle auf den Weltmeeren gebliebenen Seeleute. Gleichzeitig ist es der zentrale Ort deutscher Marinegeschichte – vom Marinebund hervorragend präsentiert in Schauhallen auf Grafiken und Karten, in Form von Schiffsmodellen oder als Originalstücke. Ursprünglich (Grundsteinlegung am 8. August 1927) sollte es nur an die gefallenen deutschen Marinesoldaten des Ersten Weltkrieges erinnern. Das am 30. Mai 1936 von Adolf Hitler eingeweihte Bauwerk des Architekten Gustav August Munzer erinnert an einen Wikingerschiff-Steven. Bauhistorisch ist das Laboer Ehrenmal klinkerexpressionistisch – weltweit einzigartig in Form, Ausführung und Zweckbestimmung. Unterhalten wird es vom Deutschen Marinebund mit Sitz in Laboe.

Die „Color Magic“ passiert Laboe
Richtung Kiel

LABOE

Vom slawischen Fischer- und Bauerndorf „Lubodne“ (Schwanenort) zu einem der bekanntesten deutschen Bäder – das ist Laboe. Um 1200 kommen siedlungswillige Bauern an den Platz an der Förde, Teil der fruchtbaren Probstei. 1644 marodieren aufeinander treffende dänische und schwedische Truppen und brennen das Dorf bis auf zwei Häuser nieder. Ein ähnliches Schicksal trifft die 1872 gebaute Laboer Windmühle, einen Galerie-Holländer: 1904 abgebrannt, zwei Jahre später neu aufgebaut und 1914 nochmals abgebrannt – jetzt aus Willkür, vom eigenen Militär, um dem erwarteten Feind nach Ausbruch des Ersten Weltkrieges „keine Peilung“ zu bieten. Die heutige Mühle mit Café-Restaurant und herrlichem Ausblick ist von 1923.
Für die Kaiserliche Marine in Kiel hatte Laboes Mühle um 1900 noch eine andere Bedeutung. Ein Pfiff mit der Bootsmannsmaatenpfeife und der Ruf „Der Bäcker von Laboe ist da!“ bedeutete: Freiwache ‘raus zur Übernahme frischer Brote und Brötchen als Bordverpflegung.

German Sailing Grand Prix Kiel 2006 auf der Kieler Förde: BMW Oracle Racing Team (USA) vor dem United Internet Team Germany

(s. auch Seite 62)

Laboer Fischereihafen. Gastronomen aus Kiel und der Probstei holen sich hier ihre Ware direkt bei den Fischern

Die schmale Hafeneinfahrt liegt links bei den Flaggen – dort legen auch die SFK-Schiffe aus Kiel an

Yachtzentrum „Baltic Bay“ mit 345 Liegeplätzen (Ausschnitt)

Seenotkreuzer "Berlin" – ständig besetzt und mit Kontakt zur SAR (search-and-rescue)

Klönschnack

„Lubodne“ (slawisch: Schwanenort) – die Laboer Flagge

Der Laboer Bäcker kam per Boot, wie 50 Jahre zuvor schon Beeke Sellmer. Die Laboer Fischersfrau hatte 1857 die erste regelmäßige Schiffsverbindung Laboe–Kiel mit einem offenen, zweimastigen Segelboot für Fracht und Passagiere eröffnet. Bei Gegenwind (meistens Richtung Kiel) mussten die zahlenden Passagiere zu den Riemen greifen und mitrudern. Seit 1875 ist Laboe Ostseebad. Mit Kiels Entwicklung zur Großstadt kamen immer mehr Gäste. Heute ist Laboe ein beliebtes Ostseebad mit über 2000 Gästebätten. Es bietet in der Tat viel: einen rund drei Kilometer langen Kurstrand mit Meerwasserhallenbad; einen dreiteiligen Hafen (Museums-, Fischerei- und Yachthafen); attraktiven Wassersport (Segeln, Surfen, Kitesurfen, Beachvolleyball und Hochseeangeln) – und das zweifellos schönste Panorama deutscher Küsten mit vorbeiziehenden Schiffen auf einer der meistbefahrenen Schifffahrtsrouten der Welt. Weitere Attraktionen: die Laboer Meeresbiologische Station mit 30 Aquarien Ostseefauna und – für viele Urlauber ein Höhepunkt – eine Mini-Kreuzfahrt mit dem Hafendampfer nach Kiel, dem großen Kreuzfahrt- und Fährhafen, zu einem Einkaufs- und Stadtbummel.

Laboe mit seinem kilometerlangen Sandstrand an der Förde

Museumshafen

Traumstrand

Möltenorter Hafenidylle

U-Boot-Ehrenmal (Seeadler)

Feuerschiff Læsø-Rende von 1886 (Deck) – Vereinsheim des HYC von 1986 e.V.

Der kleine, feinsandige, geschützte und sehr beliebte Strand von Möltenort

HEIKENDORF UND MÖLTENORT

Heikendorf ist urkundlich seit 1233 nachgewiesen. 1613 besiedeln Fischer Möltenort. 1967 wird Heikendorf staatlich anerkanntes Seebad. Seit dem 1. Januar 2007 ist es Amtssitz Schrevenborn der bis dahin amtsfreien Gemeinden Heikendorf, Mönkeberg und Schönkirchen. Heikendorfs Hafen heißt Möltenort – es ist wohl der „dänischste" im besten Sinne an der Kieler Förde – urgemütlich und bestimmt von klassischer Fischerei. Hier kann man noch ostpreußischen Dialekt hören: 1945 kamen Fischerfamilien mit ihren Kurenkähnen nach Möltenort. Der Fischereihafen hat über 100 Liegeplätze, der Yachthafen 200 (einst war hier Hans-Joachim Kulenkampff Stammgast). Heikendorf war bis zum Zweiten Weltkrieg ein Künstlerdorf. Seit 2000 erinnert das „Künstlermuseum Heikendorf – Kieler Förde" an diese Zeit.

Yachthafen Kutterpier Feuerschiff Læsø-Rende Hafeneinfahrt

Feuerschiff Læsø-Rende – als „Fyrskip No. XV“ bis 1970 im Kattegatt im Einsatz

„Gerettet“ von Adolf Brütt

Möltenorter Fischer

Rauchschwalben nisten unter den Brücken

Das Museum ist im alten Atelierhaus des Malers Heinrich Blunck (1891–1963) untergebracht; er hatte es 1923 erworben. Ausgestellt sind Werke namhafter Spätimpressionisten und Expressionisten aus Heikendorf und der Probstei. An diese große Künstlerzeit erinnert auch Adolf Brütts Plastik „Gerettet“ zwischen dem Hafen und dem U-Boot-Ehrenmal. Am Möltenorter Strand liegt das Geburtshaus des niederdeutschen Schriftstellers Fritz Lau (1872–1966). Ein Wochenendhaus erregte jahrelang die Heikendorfer und Kieler Gemüter, vor allem aber die Nationalsozialisten: 1931 hatte es der Kieler Architekt Rudolf Schroeder gewagt, am heutigen Förde-Wanderweg seinen schwungvoll-kühnen, lichtdurchfluteten, dem Neuen Bauen verplichteten Entwurf zu verwirklichen (s. Seite 70).

Frischer Fisch direkt ab Kutter

Möltenorter Fischereihafen / Kutterpier

Bronzetafeln enthalten alle Namen der gefallenen deutschen U-Bootfahrer beider Weltkriege und die Untergangsstelle der U-Boote, soweit bekannt

Das U-Boot-Ehrenmal wird vom Volksbund Deutsche Kriegsgräberfürsorge und der Kieler U-Boot-Kameradschaft erhalten und betreut (Eingangshalle)

U-BOOT-EHRENMAL MÖLTENORT

Das U-Boot-Ehrenmal Möltenort ist die Erinnerungsstätte für gefallene deutsche U-Boot-Fahrer beider Weltkriege und für die Opfer der befohlenen U-Boot-Einsätze. 115 bronzene Gedenktafeln beiderseits eines Halbrunds enthalten 35.000 Namen und den Verbleib der U-Boote. Auch der im Dienst ums Leben gekommenen U-Boot-Fahrer der Deutschen Marine wird hier gedacht. Das am 8. Juni 1930 eingeweihte Ehrenmal musste 1938 wegen Bauschäden neu errichtet werden. Auf einem 15,30 Meter hohen Naturstein-Pfeiler wacht ein 4,80 Meter hoher Seeadler (Fritz Schmoll, genannt Eisenwerth). Der erste, marode gewordene Seeadler konnte 2001 dank der Spende einer U-Bootkommandanten-Witwe ersetzt werden.

Gedenkfeier der Deutschen Marine

Probstei: Winteridylle
(Hof Passader Backhaus)

Fischerhütten am Schönberger Strand – bekannt für Riesenportionen Fisch direkt aus der XL-Pfanne (und vieles mehr)

Surfen (die Abschnitte Heidkate, Brasilien, Kalifornien und Schönberger Strand zählen zu den besten Surfrevieren an der deutschen Ostseeküste)

Sonderfahrt der Museums-Eisenbahn auf der einstigen „Hein Schönberg"-Trasse (1887–1975). Seit 1976 betreibt der Verein Verkehrsamateure und Museumsbahn e.V. am Schönberger Strand ein lebendiges Bahnmuseum. Der authentische Betrieb hält historische Nebenbahnzüge und norddeutsche Straßenbahnen (auch Kieler) betriebsbereit und bewahrt sie vor dem Verfall

Strecke bei Stakendorf

Museumsbahnhof Schönberger Strand

Dampfzug-Sonderfahrt nach Kiel

Schönbergs Seebrücke – im Sommer Anlegestelle für Ausflugsdampfer

Schönbergs Maibaum als Wegweiser für Touristen

Schönberg liegt inmitten fruchtbarer Felder, die einst bei Sturmfluten unter Wasser standen (1625 und 1872) – heute schützt ein moderner Deich

SCHÖNBERG – SCHÖNBERGER STRAND

Schönberg ist Hauptort der Landschaft Probstei und eine bedeutende Touristikgemeinde. Beliebt ist das alte „Sconeberch" bei der wachsenden Gästezahl durch seine Lage inmitten einer ländlich-bäuerlichen Salzwiesenlandschaft in unmittelbarer Nähe zur Ostsee. Schönbergs beschauliches Zentrum ist die Fußgängerzone. An deren Ende steht als eines der ältesten Gebäude die 1782 von Johann Adam Richter erbaute Kirche (die Vorgängerkirche war abgebrannt). Als Dank für großzügige Spenden ziert die Kirchturmspitze statt eines Wetterhahns oder Kreuzes ein Barsch – Zeichen des Nachbardorfes Barsbek. Schönberg hat mindestens vier Sehenswürdigkeiten: die Museumsbahn und die Seebrücke (beide am Schönberger Strand), das Probstei-Museum und das Kindheitsmuseum. Es gibt Pläne, die alte Bahnstrecke Kiel–Schönberg–Schönberger Strand in einer Stadtregionalbahn Kiel (SRB Kiel) zu reaktivieren. Derzeit wird die Trasse gelegentlich von der Museumsbahn genutzt.

Finnenhaus-Siedlung (1943 für ausgebombte Kieler Werftarbeiterfamilien aus finnischem Holz gebaut, u.a. auch in Flintbek und Neumünster-Einfeld)

Am Markt / Perserau

Krokauer Mühle von 1872

Gut Rastorf (1730) – links der Giebel des Kuhhauses

Gut Dobersdorf (1772) – Weihnachtsmarkt, „Holsteintanne“

Probsteier Landschaft

Krokusblüte in Barsbek

Probsteier Hof (Neu-Schönberg)

Probsteierhagen

Probsteier Hof (Fiefbergen)

Probsteier Hof in Fiefbergen. In Fiefbergern wurde 1839 der Architekt Heinrich Moldenschardt geboren, der in Kiel u.a. das Thaulow-Museum (im Krieg zerstört), die Howaldtsche Metallgießerei (heute Museum) und das Kriegerdenkmal im Schlossgarten erbaute. Er starb 1891

PROBSTEI

1226–1542 ist die Probstei im Besitz des Klosters Preetz. Grob liegt sie nördlich der Schwentine bis zum Selenter See, begrenzt durch Förde und Kieler Bucht. Propst Friedrich (1246 bis 1250) lässt das Land durch Kolonisten besiedeln. Sie kommen aus Hessen und Nordfriesland. Auch bekehrte Wenden macht er zu Erbbesitzern ihrer Hufen und damit zu freien Bauern. Abgabenpflichtig sind sie nur gegenüber dem Kloster. Vor allem Brodersdorf, Laboe und Probsteierhagen entwickeln sich zu stattlichen Dörfern. Lutterbek wird vorübergehend (1240–1250) Sitz des Preetzer Klosters. Barsbek, Bendfeld, Fiefbergen, Gödersdorf, Höhndorf, Krummbek und Stakendorf – noch heute ist in diesen gepflegten Dörfern ein historischer Kern zu finden. In vielen stehen alte, malerische Bauernhäuser. Sie tragen nur in der Probstei verwendeten, reichen Giebelschmuck. Im alten Wendendorf Passade sind noch Reste eines Burggrabens vorhanden. Schönberg – seit 1286 Kirchdorf – brennt 1779 fast vollständig nieder. Heute ist Schönberg größter Ort der Probstei, auch dank der ehemaligen Kleinbahn „Hein Schönberg". Deren Nachfolger ist eine höchst aktive Museumsbahn. Alles in allem: die liebliche Landschaft Probstei ist ein ideales, ländlich-ruhiges Urlaubsgebiet mit Traumstränden vor den Toren der Landeshauptstadt.

Foto oben: Torhaus als Entrée zum Freilichtmuseum – 1972 nach Plänen des Baumeisters Georg Greggenhofer neu erbaut (ursprünglich für das Gut Deutsch-Nienhof vorgesehen, aber nicht ausgeführt worden). Wünschenswert wäre für Molfsee ein „lebendiger Bauernhof" mit eingestelltem Viehbestand, ein Bereich mit alten schleswig-holsteinischen Haustierrassen oder ein zooähnlicher Bereich mit typischen Kulturfolgern der Dörfer und Höfe – für viele sicher eine reizvolle Museums-Ergänzung und Anlass für häufigere Besuche

Schäfer im Naturpark Westensee

FREILICHTMUSEUM MOLFSEE

Norddeutschlands größtes Freilichtmuseum in Kiel-Molfsee besteht seit 1965. Auf 60 Hektar leicht hügeligem Gelände sind um einen zentral gelegenen großen Teich über 70 historische Gebäude schleswig-holsteinischer Landschaften originalgetreu aufgebaut. Darunter das älteste Bauernhaus von 1569, Wind- und Wassermühlen, eine alte Meierei, eine Land-Apotheke, ein historischer Jahrmarkt, zahlreiche landwirtschaftliche Gebäude sowie Geräte und Fuhrwerke aller Art und Perioden. Ein Rundgang durch Molfsee vermittelt alte bäuerliche Traditionen und gibt Einblicke in das Leben auf dem Lande in der Zeit vom 16. bis zum 20. Jahrhundert, als bis zu 90 Prozent der Menschen in der Landwirtschaft tätig waren. Alljährlich gibt es große Herbst-, Gärtner- und Bauernmärkte mit authentischen Vorführungen alten Handwerks.

Foto rechts oben: Darsteller des Vereins „Erlebtes Mittelalter Kiel e.V." im Freilichtmuseum

Moorfrosch

Teichfrosch

Laubfrosch

Prachtlibelle

Kiebitz

Graureiher

Silberreiher

Beispiel für eine gelungene Renaturierung im Großraum Kiel – Pohnsdorfer Stauung

POHNSDORFER STAUUNG

Das etwa 100 Hektar große Feuchtgebiet liegt nordwestlich des Preetzer Postsees an der Preetzer Landstraße. Da das Gelände landwirtschaftlich nicht nutzbar gemacht werden konnte, erwirbt es die Kurt und Erika Schrobach-Stiftung zur Renaturierung. Ab 1993 wird der Wasserspiegel angehoben. Bis 2002 entsteht ein Feuchtbiotop. Die Pohnsdorfer Stauung ist seither ohne weitere Eingriffe sehr artenreich geworden. Sie ist wichtiger Brut- und Rastplatz für seltene Vogelarten und bedeutendes Laichgewässer für Amphibien. Eine Beobachtungshütte (Panoramafoto: Ausblick) enthält Schautafeln über die bereits hier vorkommende Tier- und Pflanzenwelt.

Kirchbarkau – im Hintergrund der Bothkamp
Panoramafoto unten: der Westensee vom Dorf Wrohe ge

WESTENSEE–EIDERTAL

Die seen- und hügelreiche Landschaft Naturpark Westensee zählt zu den schönsten Deutschlands. Für Kieler eigentlich kein Geheimtipp – aber wert, dass einmal daran erinnert wird: die Landeshauptstadt hat das große Glück, von herrlichen Landstrichen wie diesem wie von einem Diadem umschlossen zu sein.

Am Westensee

„Blaue Eiderbrücke" bei Reesdorf (1803 gefertigt)

Holsteiner Landschaft bei Flintbek

Am Westensee

NAHERHOLUNGSGEBIET SCHWENTINE

Zwischen dem Rosensee und der Mündung in Kiel-Neumühlen liegt ein beliebtes Ausflugs- und Erholungsgebiet mit Wildpark, Apfelplantage, Wasser-Elektrizitätswerken, reißenden Flussabschnitten und stillen Ufern. Mit Glück sind hier Eisvogel, Sprosser, Pirol und Flussuferläufer zu beobachten – bequem von gemieteten Booten aus oder bei einer Fahrt mit Ausflugsbooten der „Schwentinetalfahrt". Der einzige schiffbare Flussabschnitt der Schwentine endet etwa 500 Meter vor der Oppendorfer Mühle. Ab Anlegestelle führt ein wild-romantischer Waldweg – hoch über dem Fluss – durch ein Naturschutzgebiet und den Schwentinepark rund um den Rosensee bis zum Gut Rastorf und weiter bis Preetz. Im Winter lassen sich hier Wasseramsel, Gänsesäger, Zwergsäger und -taucher nieder.
Von den beiden historischen Wassermühlen ist wenig erhalten. Die Geschichte der Oppendorfer Mühle von 1575 ist tragisch. Einst Korn- und Graupenmühle, wird sie noch 1881 mit einer Turbine versehen. 1907 modernisiert der Müller das dazu gehörige Wirtshaus und erweitert es um einen Kaffeegarten: die Ausflugs-Gastronomie (1904 begann die „Schwentinetalfahrt") hatte sich als einträglicher erwiesen als der Mühlenbetrieb. Teile der baufällig gewordenen Mühle werden 1923 abgerissen. 1938/39 begradigt der Reichsarbeitsdienst Abschnitte der Schwentine. Ab 1943 sind die beiden Elektrizitätswerke flussaufwärts Ziel zahlreicher Luftangriffe; sie werden aber nicht getroffen. In der Nacht vom 13. auf den 14. April 1945 vernichtet eine Luftmine Mühle und Gastwirtschaft. Dabei sterben die Müllerfamilie, 26 Flüchtlinge, acht Soldaten und zwei Unbekannte.

Schwentinetalfahrt

Zwergsäger

Zwergtaucher

Flussuferläufer

Wasseramsel

Eisvogel, Vogel des Jahres 2009

Waldmaus
Bisam

Frühling an der Schwentine

Museums-Eisenbahn passiert die Schwentinebrücke bei Oppendorf

Schwentine zwischen Oppendorf und Schwentinental

Obsthof Schwentinental und Staukanal zum Kraftwerk I

Kajaks auf der Schwentine bei Oppendorf

Wehr bei der Rastorfer Mühle im Schwentinepark

Schwentine unterhalb des Wasserkraftwerks II

Spundwand (später verschrottet) vor der Mönkeberger Ölpier. Vermutlich war eine davor liegende Munitionsschute explodiert, die Grate zeigten nach innen (1944–45). Foto von 1970

Gräberfeld für 983 bei der Befreiung Deutschlands ums Leben gekommene alliierte Soldaten auf dem Kieler Nordfriedhof (Architekt Philip D. Hepworth, 1952)

LSR: Luftschutzraum (Keller als Bunkerersatz) in Häusern für Zivilbevölkerung (1939)

Splitterspuren an einem Pfeiler an der Südostseite der Nikolaikirche (1943–45)

Beschuss-Einschlagspuren in an der östlichen Rathausfront (1944–45)

Denkmal für je vier gefallene englische und deutsche Soldaten (Wildenhorst, 1941/2007)

Mahnmal der Landeshauptstadt für ihre 2835 zivilen Opfer der 90 Luftangriffe auf Kiel. Der Bombenkrieg dauerte länger als in jeder anderen deutschen Stadt; erster (6. Juli 1940) und letzter (3. Mai 1945) Angriff galt Kiel – Friedhof Eichhof

Ehrenmal auf dem CAU-Campus zum Gedenken an millionenfachen Tod u. Widerstand (H. Blumenthal, 1937/1955)

Gedenkstein für Kiels im Weltkrieg deportierte und ermordete Sinti und Roma (Hiroshima-Park)

Als erste deutsche Stadt erhielt Kiel 1947 aus England das Coventry-Kreuz als Versöhnungszeichen. Es besteht aus drei Nägeln der am 14. November 1940 nach einem deutschen Luftangriff zerstörten Kathedrale Coventrys. Kiels Oberbürgermeister Andreas Gayk und der aus Coventry stammende Dolmetscher hatten gemeinsam diese Idee – verwirklicht wurde sie von der Stadt Coventry, die seit 1967 Kiels Partnerstadt ist

GEDENKSTÄTTEN – MAHNMALE – KRIEGSSPUREN

Kiel war während des Nationalsozialismus eine Stadt der Opfer, aber auch aktiver und passiver Täter – wie in jener schrecklichen Zeit, ohne Ausnahme, jede andere vergleichbare deutsche Stadt. Kieler Gedenkstätten und Spuren erinnern daran. Sie mahnen alle Generationen, nichts zu vergessen.

Aus diesem Hause wie aus Tausenden anderen im damaligen Deutschland wurde ein Mensch deportiert, das heißt verschleppt – und meistens bald darauf ermordet. Einer der Kieler „Stolpersteine" (Dänische Straße)

Kiels Mahnmal an die am 10. November 1938 („Reichskristallnacht") zerstörte Synagoge in der Goethestraße. Kiel hatte 1933 etwa 600 jüdische Mitbürger. Heute gibt es wieder eine Synagoge in der Jahnstraße – Skulptur von Doris Waschk-Balz (1989)

Gedenkstätte für Gewaltopfer der ehemaligen Staatspolizeistelle Kiel (Gestapo) von 1935–45 in der Düppelstraße. Sie veranlasste die Erfassung und Deportation der schleswig-holsteinischen jüdischen Bevölkerung sowie der Sinti und Roma. Noch 1944 ließ sie das „Arbeitserziehungslager Nordmark" in Kiel errichten (600 Opfer)

Kiels Jüdischer Friedhof von 1852 an der Michelsenstraße

KIEL *CHRONIK*

1236 Graf Adolf IV. gründet auf einem halbinselartigen Moränenhügel „Civitas Holstiae" oder „de stad tom kile" oder „Holstenstadt" von etwa 20 Hektar Größe zwischen Förde und Kleinem Kiel
1242 Lübecker Stadtrecht verliehen. Förde und Hafen von der Hörn bis zur Linie Holtenau–Stein wird als Kieler Gebiet festgelegt
1245 Franziskaner bauen Backstein-Stutzbasilika und Kloster
1283 Eintritt in die Hanse (endet 1518)
1461 Christian I. bestätigt Kiel „alle Rechte an Besitz und Gebrauch der Förde" – was der Stadt später mehrfach verwehrt wird
1469 Erste Erwähnung des „Kieler Umschlags" (Dreikönigstag): zentraler Waren-, Geld- und Vergnügungsmarkt, der auch Bettler, Gaukler und buntes „Jahrmarktsvolk" anzieht
1526 Reformation erreicht Kiel (Kloster 1530 säkularisiert). Adel belegt an Stelle der Kirche städtische Grundstücke ohne Abgaben (Steuern) an die Stadt zu leisten
1560 Doppelte Verbindung des Hafens zum Kleinen Kiel (nördliche 1696 zugeschüttet)
1562 Schloss neu erbaut (1580 fertig)
1575 Erste Bebauung in der Feldmark jenseits der Stadtmauern
1610 Holländer machen mit ihren wendigeren Schiffen der Hanse Konkurrenz und verdrängen sie allmählich
1627 Dreißigjähriger Krieg: Wallensteins Truppen besetzen Kiel. 1643 folgen schwedische und kaiserliche Truppen
1632 Christian IV. baut an der schmalsten Stelle der Förde die Festung „Christianspries". 1634 von schwedischen Truppen eingenommen, später geschleift und verfallen. 1663–1667 als Friedrichsort von Friedrich III. neu erbaut. Von Deutschlands ältester Seefestung sind nur noch Reste vorhanden
1665 Christian-Albrechts-Universität (CAU) durch Herzog Christian Albrecht von Gottorf als nördlichste Universität im Römisch-Deutschen Reich gegründet (Urkunde vom 29.9.)
1669 Botanischer Garten (erster von fünf) gegründet
1702 Asmus Bremer wird Bürgermeister. Bis zu seinem Tode (1720) führt er das Kieler Stadtarchiv und bringt die Stadt wirtschaftlich voran. Am Asmus-Bremer-Platz sitzt er als lebensgroße Plastik vergnüglich „mitten im Volk" – Symbolfigur des seit 1974 wieder aufgelebten „Kieler Umschlags"
1715 Dänisch-Schwedische Seeschlacht vor Bülk (24.4.)
1720 Frieden von Frederiksborg: Dänemark–Norwegen u. Schweden beenden Großen Nordischen Krieg. Der Gottorfer Teil von Schleswig fällt an die dänische Krone, die Gottorfer Herzöge weichen in das Kieler Schloss aus
1728 Im Kieler Schloss wird der spätere russische Zar Peter III. geboren (Sohn des Herzogs Karl Friedrich von Schleswig-Holstein-Gottorf und Anna Petrowna)
1762 Peter III. in St. Petersburg ermordet. Der Zar hatte geplant, die Dänemark zugefallenen Herzogtümer wieder zu entreissen
1763 Zarin Katharina die Große lässt das Kieler Schloss umbauen
1763 Kieler Fayence-Manufaktur gegründet (1787 geschlossen)
1773 Dänisch-russischer Tauschvertrag im Kieler Schloss besiegelt (16.11.): Russlands Thronfolger Paul verzichtet auf das Erbe Gottorfs zugunsten der dänischen Krone. Diese tritt ihre Rechte an den Grafschaften Oldenburg und Delmenhorst an die (in Eutin regierende) Gottorfer Linie im Fürstbistum Lübeck ab. Kiel wird dänisch
1773 Professoren Christiani und Hirschfeld gründen „Literarische Gesellschaft": Kiel wird geistiger und wirtschaftlicher Mittelpunkt
1777 Baubeginn des Eider-Kanals unter Ausnutzung der Flussbetten von Eider und Levensau. 1784 Fertigstellung. 1785 Freigabe auch für internationale Schiffe
1796 Sparkasse gegründet (ab 1799 Spar- und Leihkasse)
1802 Kiel wird bis 1807 Ausweichhafen der von englischen und französischen Blockaden belegten Häfen Hamburg und Lübeck
1806 Herzogtum Holstein geht per Dekret an Dänemark (9.11.)
1807 Kieler Universität muss Lehrstuhl für dänische Sprache und Literatur einrichten, Verordnungen erscheinen zweisprachig. Kieler Uni wird Keimzelle des politischen Befreiungskampfes (Beseler, Dahlmann Falck, Hegewisch, Lornsen)
1813 Kiel im „Schwedenwinter" von schwedischen Truppen besetzt
1814 Frieden von Kiel (14.1.): Herzogtum Holstein wird weiter vom dänischen König regiert, Norwegen (bisher dänisch) geht an Schweden, Helgoland an England
1815 Wiener Kongress: Holstein wird Mitglied des neu gegründeten Deutschen Bundes und ist nicht mehr Teil des dänisches Königreichs. Landesherr bleibt aber der dänische König
1822 Kieler Seebadeanstalt eröffnet (24.6.) 1865 erwirbt Preußen das Gelände bei der heutigen Blücherbrücke und baut darauf ein Marinedepot
1832 Erste „Kunststraße" des Landes (spätere B4) Altona–Kiel fertig
1838 Schweffel & Howaldt gründen eine Kesselbau- und Maschinenfabrik, aus der die späteren Howaldtswerke hervorgehen
1841 A.W. Neuber, Apenrader Arzt, prägt das „Op ewig ungedeelt"
1842 „Altona-Kieler Eisenbahn-Gesellschaft" gegründet (16.6.)
1843 Schleswig-Holsteinischer Kunstverein in Kiel gegründet
1844 Eröffnung der „König Christian VIII. Ostseebahn" in Kiel (18.9.)
1848 Dänischer Staatsverfassungs-Entwurf sieht die Eingliederung Schleswigs und die Trennung von Holstein vor. König Friedrich VII. lehnt eine Petition dagegen ab. Es kommt zur Erhebung. Am 24.3. wird in Kiel eine provisorische Regierung ausgerufen und die Loslösung von Dänemark verkündet. Niederlage der aufständischen Schleswig-Holsteiner am 6.4. bei Bau. Preussische und Bundestruppen eilen zu Hilfe. Russland interveniert: Preußen schließt unter Druck Waffenstillstand mit Dänemark
1850 Preußen hält sich an den Waffenstillstand. Die Schleswig-Holsteiner kämpfen alleine weiter und erleiden bei Idstedt eine Niederlage. Leutnant Ernst Werner von Siemens (Bruder des Industriellen und Erfinders) legt in Kiel eine Seeminensperre zwischen Bellevue und der Schwentinenmündung, die von Land elektrisch gezündet werden kann. Dänische Blockadeschiffe erfahren das durch Spione und bleiben auf Distanz
1851 Wilhelm Bauer erprobt in der Schwentinemündung den von August Howaldt gebauten „Brandtaucher", erstes tauchfähiges U-Boot der Welt (1.2.) Es sollte unbemerkt an die dänische Blockadeflotte vor Kiel heranfahren, Schiffe entzünden und zur Explosion bringen. Durch Bedienungsfehler (Trimm) sinkt das U-Boot. Die Besatzung kann sich nach sechseinhalb Stunden warten auf den Druckausgleich an die Wasseroberfläche retten. Bauers U-Boot wird 1887 beim Hafenausbau entdeckt und gehoben (ausgestellt im Militärhistorischen Museum Dresden)
1852 „Londoner Protokoll" (vom 8.5.): Herzogtum Schleswig wird dänisches, Herzogtümer Holstein und Lauenburg deutsches Lehen. Alle drei werden in Personalunion von der dänischen Krone weiter regiert. Schleswig darf nicht enger an Dänemark gebunden werden als Holstein. Dänemark verschärft den Konflikt: Schleswig und Holstein erhalten in Kopenhagen getrennte Ministerien, die deutsche Sprache und Deutsches werden weiter zurückgedrängt („Sprachenstreit")
1856 Kiel erhält Gasversorgung und stellt Gas-Straßenlaternen auf
1857 Laboer Fischersfrau Beeke Sellmer eröffnet erste regelmäßige Schiffsverbindung Laboe–Kiel mit zweimastigem, offenen Segelboot (Wadenboot) für Fracht und Passagiere
1858 Reederei und Schiffsmaklerei „Sartori & Berger" gegründet. August Sartori erkennt das Potenzial des Kieler Hafens und seiner Lage als Drehscheibe baltisch-nordischen Handelsverkehrs – scheitert am Alleinanspruch der Marine („Reichskriegshafengesetz") und deren Arrangement mit der Ratsmehrheit

1863 Dänemark schließt Holstein und Lauenburg aus dem dänischen Gesamtstaat aus um seinen Anspruch an Schleswig zu stärken (30.3.) – ein Bruch des „Londoner Protokolls". Christian IX. unterzeichnet die eiderdänische Verfassung (18.11). Darauf besetzen Truppen des Deutschen Bundes Holstein

1864 Der sächsische Militärmusiker Friedrich Spohr spielt erstmalig seinen Marsch „Gruß an Kiel", als ein sächsische Kontingent zur Unterstützung im Krieg gegen Dänemark eintrifft

1864 Preußen und Österreich erklären im Namen des Deutschen Bundes Dänemark den Krieg. Niederlage Dänemarks bei den Düppeler Schanzen. Kiel hat 18.000 Einwohner

1865 Preußen verlegt seine Ostseeflotte nach Kiel (24.3.) Bis zum Ausbruch des preußisch-österreichischen Krieges (1866) wird Kiel von beiden Truppen „verwaltet" (Protokoll vom 21.9.) – eine Demarkationslinie bildet die Holstenstraße. Am 24.10 verlegt auch die Marinestation der Ostsee von Danzig nach Kiel

1865 Deutsche Gesellschaft zur Rettung Schiffbrüchiger (DGzRS) am 29.5. in Kiel gegründet (heutiger Sitz ist Bremen)

1866 Artilleriedepot (ab 1877 „Torpedowerkstatt") in Friedrichsort. Zügiger Ausbau zum Kriegshafen beginnt unter ständiger Verletzung der Rechte Kiels an seinem Hafen und der Förde

1866 Österreich fördert Bestrebungen, Schleswig und Holstein zu selbstständigen Bundesstaaten zu machen, Bismarck will deren geschlossenen Anschluss an Preußen. Es kommt zum Krieg. Österreich verzichtet nach der Niederlage bei Königgrätz (3.7.) auf alle Rechte an diesen Ländern (23.8.)

1866 Langesche Mühle an der Schwentinemündung gegründet (ab 1881 „Baltische Mühlen-Gesellschaft", ab 1914 „Holsatiamühle") - im Zweiten Weltkrieg zerstört, Restgebäude 2008 abgerissen

1867 Vereinigte Herzogtümer Schleswig und Holstein per Annexionsgesetz zum Königreich Preußen (24.1.). Regierungssitz wird Schleswig, Kiel Flottenstation des Norddeutschen Bundes

1868 Königliche (ab 1871 Kaiserliche) Werft entsteht in Ellerbek auf Gelände, auf dem Georg Howaldt 1865 seine erste Eisenschiffswerft gegründet hatte

1871 Kaiserreich ausgerufen (18.1.) – Kiel wird Reichskriegshafen

1871 „Schlossbrauerei" Kiel gegründet (als „Holsten"-Braustätte Kiel 1994 aufgegeben – heute modernes Wohngebiet)

1871 Brauerei „Zur Eiche" gegründet (Einstellung der Brauereimarke im Juni 1989 als „Berliner Kindl"-Ableger)

1872 In der Nacht vom 12. auf den 13.11. steigt die Ostsee an der deutsch-dänischen Küste um bis zu 3,30 m über Normalnull. Deiche brechen – 271 Tote. Stark betroffen ist die Probstei

1872 Kapitän A. C. Hansen nimmt mit Dampfer „Neumühlen" den Fährverkehr Neumühlen–Reventloubrücke auf. Als Besitzer der Anlegestelle an der expandierenden Howaldt'schen Werft hat er ein Monopol für den Werftarbeiter-Transport. Bekanntestes Schiff der „Blauen Dampferlinie" wird der kohlebefeuerte Dampfer „Heinrich" (Baujahr 1899) – im Werftverkehr chronisch überladen, als Ausflugsdampfer von Generationen geliebt. Letzte Fahrt am 7.10.1957, zehn Jahre später verschrottet

1875 Gesellschaft für Kieler Stadtgeschichte gegründet (10.12.)

1876 Georg Howaldt gründet (nach 1865) zum zweiten Mal eine Werft. An der Schwentinemündung bei Dietrichsdorf entsteht die „Georg Howaldt – Kieler Schiffswerft" – Stammplatz der später weltberühmten Howaldtswerke; heute ist hier der Ostuferhafen

1878 Thaulowmuseum in Kiel eröffnet. Nach dem Zweiten Weltkrieg gehen die Bestände nach Schloss Gottorf. Thaulow hatte in seinem Testamant ausdrücklich seine Heimatstadt Kiel als Museumsstandort bestimmt, was die Entscheidungsträger nicht interessierte. Ruinenreste des Thaulowmuseums werden 1948 abgerissen (heute Karstadt, erhalten ist eine Platane)

1881 Kieler Straßen- und Eisenbahngesellschaft gegründet (später „Allgemeine Lokal- und Straßenbahn AG") Betriebsbeginn mit Pferdebahn auf 110 cm Spurweite. Erstfahrt am 8.7.

1881 Eröffnung der Eisenbahnstrecke Kiel–Eckernförde (1.7.)

1881 Blauwal zwischen Amrum und Sylt gestrandet – das Skelett ist im Zoologischen Museum Kiel ausgestellt (s. Seite 70)

1882 Berliner Investoren bauen die in Konkurs gegangene „Norddeutsche Werft" zur „Schiff- und Maschinenbau AG Germania" aus. 1896 Übernahme durch Friedrich Krupp, Essen (ab 1902 „Friedrich Kupp Germaniawerft")

1886 Neue Dampfer-Compagnie (NDC) gegründet. Howaldt als Anteilseigner baut bis 1911 für NDC 28 Hafendampfer. Die Reederei erwartet vom im Bau befindlichen Kaiser-Wilhelm-Kanal starkes Verkehrsaufkommen von und nach Holtenau

1888 Marine-Akademie eingeweiht – nach Umbauten seit 1950 repräsentativer schleswig-holsteinischer Regierungssitz

1890 Bleyle bringt den „Kieler Matrosenanzug" für Kinder heraus

1891 Kaiserlicher Yacht-Club (KYC) am 2.5. gegründet als ältester Yachtclub Deutschlands. 1946 wurde das „kaiserliche" Kürzel elegant ersetzt: KYC steht heute für „Kieler Yacht-Club"

1892 Marine verankert auf dem Stollergrund ein Feuerschiff (ab 1906 sind es zwei: Bülk und Gabelsflach). 1921 wird Gabelsflach abgezogen, Bülk in seiner Position verändert und in „Feuerschiff Kiel" umbenannt. (1988 Bark „Alexander von Humboldt")

1894 „Hollmann" (700 Pers.) der NDC erster Rundfahrten-Salondampfer auf der Förde – erstmalig Regatta-Begleitfahrten

1895 Kaiser-Wilhelm-Kanal durch Kaiser Wilhelm II. eröffnet (21.6.) Bismarck hatte den Bau gegen den Widerstand des Kriegsministeriums durchgesetzt, das statt dessen zwei große Flotten (in Kiel und Wilhelmshaven) finanziert haben wollte

1896 Elektrische Straßenbahn löst Pferdebahn ab (letzte am 23.5.)

1897 Drei direkte D-Zug-Schienenverbindungen Berlin–Kiel eröffnet. Mit 354,1 km ist Berlin–Hagenow–Ratzeburg–Oldesloe–Neumünster–Kiel die kürzeste

1897 Eröffnung der Kleinbahn Kiel (Staatsbahnhof)–Schönberg

1899 Neufeldt & Kuhnke (Hagenuk) gegründet. Über Jahrzehnte innovativer Hersteller von Tauchgeräten, Radios (erstes mit eingebautem Lautsprecher), Seefunkgeräten, Telefonen (erstes schnurloses in Deutschland). Insolvenz 1997. Heute Wissenschaftspark Kiel (neben der CAU – s. Seite 79)

1899 „Großer Bahnhof" zu dessen Teileröffnung am 31.5. durch das per Sonderzug um 20.30 Uhr aus Berlin angereiste Kaiserpaar. Stilllegung des alten Bahnhofs. Bahnhof-Mittelbau und östlicher Teil am 20.1.1900 fertig, „Kaisertreppe" wird 1911 eingeweiht

1899 Germaniawerft (ab 1902 „Friedrich Krupp AG Germaniawerft") überlässt ihr Gelände der benachbarten, durch Kriegsschiffbau stark expandierenden Kaiserlichen Werft und erschließt sich weiter südlich an der Hörn ein neues Werftgelände

1899 Allgemeiner Konsumverein („Konsum") in Kiel gegründet zur Versorgung der Arbeiterfamilien mit Grundnahrungsmitteln. Von den Nazionalsozialisten 1935 aufgelöst. 1946 gründen sich elf Konsumgenossenschaften neu. 1963 öffnet Deutschlands erster konsumgenossenschaftlicher Supermarkt in Kiel. 1972 entsteht die coop Schleswig-Holsten eG., übernimmt kleinere Märkte. Heute als coop eG (Kiel) einer der größten Arbeitgeber

1900 Kieler Sportvereinigung Holstein gegründet (7.10.) Deutscher Vizemeister 1910 und 1930, vielfacher Norddeutscher Meister und Pokalsieger. Am 26.5.1912 mit 1:0 gegen den Karlsruher FV Deutscher Fußballmeister. Deutscher Amateurfußballmeister 1961. Das Holstein-Stadion von 1911 ist eines der traditionsreichsten im deutschen Fußball (erste Modernisierungstufe zur Zweitligatauglichkeit 2005). Seit 2004 Damenfußballmannschaft „Holstein Woman". Handball, Tennis, Cheerleading. Im Stadion tragen auch die Kiel Baltic Hurricanes ihre Spiele aus

KIEL *CHRONIK*

1901 Die Kaiserliche Marine untersagt (!) Kiel unter Berufung auf das Reichskriegshafengesetz, in der neu eingemeindeten Wik ein Handelshafenprojekt zu verwirklichen. 1904 verliert Kiel den „Hafenprozess" um die Nutzung riesiger Aufschüttungsflächen aus dem Kanal-Neubau in Holtenau gegen den Reichsfiskus. Kiel erhält als Ausgleich einen 450-Meter-Kanalhafen unterhalb der Holtenauer Hochbrücke zugesprochen

1901 Stadtplanung des Stadtbaumeisters Stübben für Kiel liegt vor: großzügige Ring- und Ausfallstraßen, Straßenblöcke, Grüngürtel, repräsentative Plätze und Industrieviertel. Bedeutendste Umsetzung 1922–1930 durch Stadtrat Willy Hahn. Stübben-Plan und Hahn's Modifizierungen werden Basis des gelungenen und schnellen Wiederaufbaus Kiels unmittelbar nach dem Zweiten Weltkrieg (Andreas Gayk, Stadtbaurat Herbert Jensen)

1902 Baubeginn der Krupp'schen Siedlung am Germaniaring (heute Ostring) für Arbeiter der Werft (fertiggestellt 1904)

1904 Wasserturm Ravensberg in Betrieb (Kapazität für 150.000 Ew.)

1904 Reste des Fischerdorfs Ellerbek weichen der Kaiserlichen Werft

1904 Eisenbahn Kiel–Rendsburg eröffnet (15.10.)

1904 Schwentinetalfahrt eröffnet „Lustfahrten" Neumühlen–Oppendorf

1904 Laufwasserkraftwerk an der Schwentine unterhalb der Rastorfer Mühle liefert Strom für Howaldt. Stromabgabe unzureichend und schwankend. Bernhard Howaldt erwirbt Ländereien, nimmt nach Aufstauung des Rosensees 1909 ein neues Kraftwerk II oberhalb des alten in Betrieb. Kraftwerk I wird modernisiert und erhält über einen Staukanal aus neun Metern Höhe Wasser für die Turbinen. Beide Werke liefern seither ununterbrochen Strom

1904 Turnverein Hassee-Winterbek e. V. (THW) gegründet. Wird zum erfolgreichsten deutschen Handballverein mit zahlreichen Titeln. Heimspiele in der modernen Sparkassenarena (ehem. Ostseehalle, 10.250 Plätze). Starke Leichtathletikabteilung

1905 Kieler Nobelpreisträger: Philipp E. A. von Lenard (über die Kathodenstrahlen)

1905 Als zweite Fördeschiffsreederei (nach der NDC) gründet sich die Kieler Hafenrundfahrt AG (7.9.). Auslöser: zunehmender Fremdenverkehr und die Aktivität des Deutschen Flottenvereins, der Besuchergruppen aus ganz Deutschland an den „schönsten Hafen des Baltischen Meeres" holt

1906 Stapellauf von „U1" (25.1.) und des Linienschiffs „Schleswig-Holstein" bei der Krupp-Germania-Werft (17.12.). Salven des alten Linienschiffes eröffnen am 1.9.1939 den Zweiten Weltkrieg

1907 Muthesius-Werkkunstschule gegründet (seit 2005 Muthesius-Kunsthochschule und die einzige in Schleswig-Holstein)

1907 Hermann Anschütz-Kaempfe erfindet und baut in Kiel den Kreiselkompass, fast zeitgleich den Koppeltisch für Seeschiffe; 1916 den künstlichen Horizont für Flugzeuge; 1920 den ersten Schiffs-Selbststeuerer; 1930 den Kurskreisel für die Luftfahrt. Zwischen 1915 und 1930 besucht Albert Einstein den Erfinder häufig. Einstein hat ein eigenes Häuschen mit Segelboot an der Schwentinemündung. 1920 spricht er im Gewerkschaftshaus über seine Relativitätstheorie

1907 Einweihung des Stadttheaters (Architekt Heinrich Seeling) am 1.10. mit „Fidelio" – ersetzt die seit 1841 genutzte Theaterspielstätte in der Schuhmacherstraße (1907 abgerissen)

1908 Fähren „Primus", „Secundus" und „Tertius" mit Bug- und Heckrampen (heute RoRo-Fähren), gebaut bei Howaldt, nehmen am 1.8. Verkehr zwischen Kiel und Gaarden auf. „Sekundus" wird 1925 zu „Fehmarn" und pendelt bis zur Eröffnung der Fehmarnsundbrücke (1963) im Fehmarnsund. „Primus" wird bis Anfang der 1970er Kanalfähre bei Brunsbüttel, die bombengeschädigte „Tertius" 1952 in Kiel verschrottet

1909 Eröffnung der Kieler Kunsthalle (15.11.) – eine provisorische in in der Schlosskapelle war 1888 abgerissen worden

1909 Brown & Boveri übernehmen und sanieren die Howaldtswerke

1910 Eröffnungen: Fischhalle (heute Schifffahrtsmuseum) und Gablenzbrücke (2008 ersetzt durch einen Neubau)

1911 Kaiser weiht am 12.11. neues Rathaus ein (Architekt H. Billing)

1911 Bahnhof Kiel-Süd für die Kleinbahnen Kiel–Schönberg (1.11.) und Kiel–Segeberg (2.12.) eröffnet

1914 Teilstrecke Schönberg–Schönberger Strand (18.6.) eröffnet

1914 Auf Kiels Großwerften (Kaiserliche, Germania, Howaldt) arbeiten bei Kriegsbeginn etwa 30.000 Menschen. Seit 1890 ist Kiels Bevölkerungszahl um rund 195 % auf (bei Kriegsbeginn) 225.161 gestiegen, davon sind etwa 14,4 % Militärangehörige

1914 Kriegsausbruch: Vorsorglich werden Schönbergs Seebrücke und die Laboer Mühle niedergebrannt (1.8.)

1916 Skagerrak-Schlacht (31.5.): Kaiserliche Flotte kann Verluste ungleich schwerer verkraften als Englands Home-Fleet

1916 Kartoffelvorräte erschöpft – „Rübenwinter" bringt erste Unruhen

1917 Streiks wegen schlechter und ungerechter Nahrungsversorgung

1918 Werftarbeiter-Streiks: offen wird ein Ende des Krieges gefordert

1918 Wilhelmshaven: Heizer reißen Feuer aus Kesseln der Hochseeflotte um zu verhindern, dass die Admiralität (ohne Wissen der Regierung) zu einer „letzten Schlacht" auslaufen lässt. Das in Kiel beheimatete III. Geschwaders gilt als Keimzelle der Meuterei und wird am 31.10. zu deren Zerschlagung in seine Heimatstadt verlegt. In Kiel fordern Matrosen auf Massenprotesten am 1.11. die Freilassung ihrer 60 Heizerkameraden. Aus Berlin eilt Gustav Noske (MSPD) herbei, um zu mäßigen. Überraschend wird Noske als „einer der ihren" begeistert empfangen. Kaisertreues Militär unterbindet am 2.11. weitere Versammlungen. Am 3.11. kommen Tausende, darunter viele Werftarbeiter. Auf dem Marsch zur Befreiung der Inhaftierten wird auf die Demonstranten geschossen (acht Tote). Am 4.11. bilden sich Soldaten- und Arbeiterräte. Die wegen des Drucks der Straße haftentlassenen Heizer werden im Triumphzug durch die Stadt geführt. Noske mahnt zu Ruhe und Ordnung. Die Räte rufen am 5.11. zum Generalstreik auf. Kriegsschiffe hissen eine rote Fahne. Kiels Rathaus wird besetzt. Noske spricht auf dem Wilhelmplatz zu einer riesigen Menge, tritt an die Spitze des Soldatenrates und übernimmt von Admiral Souchon das Amt des Gouverneurs. Binnen Stunden breitet sich von Kiel die „Novemberrevolution" in Deutschland aus. Fazit: Es war kein Verrat, sondern die vor der Geschichte wohl mutigste deutsche Friedensinitiative. Sie führt zur Abdankung des Kaisers (9.11.) und zur Gründung der Weimarer Republik. Am 10.11. werden die Kieler Toten bestattet: Soldaten auf dem Nordfriedhof (damals Garnison-, auch Heldenfriedhof genannt), Zivilpersonen und „Meuterer" auf dem Friedhof Eichhof

1920 Abtretung Nordschleswigs an Dänemark als Folge des Versailler Vertrages und nach Volksabstimmung am 10.2. („Speckdänen"). Südschleswig bleibt dagegen deutsch (14.3.)

1920 Am 13.3. Putsch von Wolfgang Kapp („Kapp-Putsch") und Walther von Lüttwitz mit ehemaligen Reichswehr-Angehörigen aus 120 Freikorps und DNVP-Mitgliedern gegen die Politik der Weimarer Republik. Putschgründe: Versailler „Knebelvertrag" (in Kraft 10.1.); anstehende Entwaffnung und Entlassungen bis auf 100.000 Mann; Sorge um vom Bolschewismus bedrohte deutsche Ostgrenze. Reichsregierung weicht von Berlin nach Dresden aus. Generalstreik. Blutige Zusammenstöße in Berlin, Schwerin und Kiel. In Kiel zieht sich das putschende Loewenfeld-Battaillon nach Straßenkämpfen mit Republik-Verteidigern über die Holtenauer Hochbrücke zurück. Kapp flieht am 17.3. nach Schweden. Am 24.3. werden elf gefallene Soldaten auf dem Nordfriedhof beigesetzt, die etwa 40 Kieler zivilen Opfer an der Seite der Revolutionstoten von 1918 auf dem Eichhof

1918 Kieler Nobelpreisträger Max Planck (Physik). 1947 Ehrenbürger
1920 Kaiserliche Werft wird Deutsche Werke, die ehemalige Torpedowerkstatt fusioniert mit ihr als „Werk Friedrichsort" – zusammen firmieren sie ab 1925 als „Deutsche Werke Kiel AG"
1921 Alexander Behm erfindet und produziert in Kiel das Echolot
1921 Niederdeutsche Bühne gegründet (Theater am Wilhelmplatz)
1922 Hafen bis 25.2. zugefroren. Nur die „Blaue Damperlinie" fährt
1922 Pries, Holtenau und Friedrichsort eingemeindet.
1922 Reichspräsident Ebert besucht Kiel (4.9.)
1922 Kieler Nobelpreisträger: O. F. Meyerhof (Muskel-Stoffwechsel)
1923 Kronsburg und Neumühlen-Dietrichsdorf eingemeindet
1923 Inflation und Geldentwertung. Im August goldgedeckte Reichsmark eingeführt. Wirtschaftlicher und kultureller Aufschwung in Kiel zwischen 1924 und 1928 (Bauten, Kieler Kunstkeramik)
1923 Germania-Werft baut Flettners Rotorschiff „Buckau"
1924 Freihafen (Scheerhafen) südlich der Holtenauer Schleusen eröffnet (12.4.) – 20-Jahre-Pacht endet bereits 1935 durch einseitige Kündigung wegen Eigenbedarfs der Kriegsmarine
1925 Große Wohnanlage für Marineangehörige entsteht zwischen Niebuhr- und Schillstraße. Ausführung als dreigeschossige „Heimatschutzarchitektur" in Backstein mit Kieler Kunstkeramik (KKK) als Bauschmuck. Fertig bis 1930
1926 Holsten-Brauerei übernimmt Kieler Schloss-Schifferer-Brauerei
1926 Weltwirtschaftskrise: Kieler Reeder Heinrich Diederichsen macht Howaldtswerke zur Aktiengesellschaft. Harte Einschnitte (von 1500 Werftarbeiter bleiben 300) retten die Werft
1926 Seegrenzschlachthof entsteht aus einer seit 1887 vorhandenen Seequarantäneanstalt an der Hörn. Hafendampfer werden zu Viehtransportern umgebaut und bringen Schlachtvieh aus Dänemark, von Fehmarn und der Schlei. 1973 neuer Schlachthof in Wellsee
1927 Europas erste Etagenmeierei „Milchhof Kiel" am Schwedendamm eröffnet (Architekt Johann Theede). 1930–1970 Margarinefabrik („Sana") von J. W. Seibel. Seit 2006 wird das klinkerexpressionistische kubische Gebäude kulturell genutzt
1928 Flughafen Holtenau nimmt Betrieb auf
1928 Ernst Barlachs „Geistkämpfer" am 29.11. an der Heiligengeistkirche (1944 zerstört) enthüllt. 1937 als entartet demontiert und in das Thaulow-Museum gebracht; überdauert den Krieg in einem Versteck. Rückkauf und wieder aufgestellt zur Kieler Woche 1954 an der Nikolaikirche
1929 Förde und Kanal bis Februar zugefroren (bis minus 26 Grad, bis 50 cm Eisdicke). Etwa 60 Schiffe werden über das Eis versorgt. Kanallotsen vertreiben sich die Zeit mit Singen und gründen den Lotsenchor „Knurrhahn"
1929 2-Kessel-Dampfschlepper „Laboe" von 1907 wird bei Howaldt zum Salon-Motorschiff für 850 Passagiere umgebaut
1930 Weltwirtschaftskrise und Arbeitslosigkeit bringt NSDAP Zulauf. Kiel hat 15.000 Erwerbslose (Weihnachten 1932 rund 28.500)
1931 Deutsche Werke: Stapellauf des Panzerschiffs „Deutschland" (ab 1939 „Lützow", ab 1940 in Schw. Kreuzer umklassifiziert). Taufpate Paul von Hindenburg. „Lützow" greift 1945 in Landkämpfe in Ostpreußen ein. Aufgabe des zum Wrack zerschossenen Schiffes am 4.5.1945. Von den Sowjets gehoben und als Zielschiff benutzt, sinkt „Lützow" 1949 endgültig
1932 Segelschulschiff „Niobe" sinkt am 26.7. in einer Gewitterbö vor Fehmarn (69 Tote). Erinnerungsstätte auf dem Nordfriedhof
1932 Flugboot „DO X" als damals größtes Flugzeug der Welt (50 t, zwölf Motoren) landet am 30.7. auf der Kieler Förde
1932 Reichstagswahlen (31.7.): NSDAP erzielt in Schleswig-Holstein mit 51,1 % der Stimmen ihr reichsweit bestes Ergebnis
1933 Adolf Hitler zum Reichskanzler ernannt (30.1.)
1933 Gauleiter bis 1945 Hinrich Lohse. Hakenkreuzfahne am Kieler Rathaus (5.3.) Nach dem Tode Hindenburgs lässt sich Hitler zum „Führer und Reichskanzler" ernennen
1933 Emil Lueken als legitimierter Oberbürgermeister abgesetzt (11.3.) – NSDAP-Nachfolger Walter Behrens bleibt im Amt bis zur seiner Verhaftung bei Kriegsende. Juli 1933: Hitler, Hindenburg und der Chef der Marineleitung Raeder werden zu Ehrenbürgern ernannt (Aberkennung 1945 durch die Engländer)
1933 Ermächtigungsgesetz (23.3.) setzt Demokratie in Deutschland bis Kriegsende 1945 außer Kraft. Freie Kieler Studentenschaft der CAU legt Rektor Liste von 28 „nichtarischen" Professoren vor und fordert drohend deren Beurlaubung (19.4.)
1933 Wilhelmplatz: studentische Bücherverbrennung „Wider den undeutschen Geist" (10.5.) – Kiel ist eine von 22 Brandstädten
1933 Bei der Nachrichtenmittel-Versuchs-Anstalt der Reichsmarine in Kiel beginnt Dr. Rudolf Kühnhold mit Rückstrahlversuchen auf der 13,5-cm-Welle (Vorstufe des späteren Radar). Hitler stellt im Krieg die Grundlagenforschung ein: Deutschland fällt gegenüber den Alliierten zurück, Radar wird mit kriegsentscheidend
1934 In Kiel wird der Schalter auf Rüstung umgelegt. Die Luftwaffe übernimmt den noch unvollendeten städtischen Vossbrooker (Frei-) Hafen und militarisiert das umliegende Industriegelände: eine rüstungsunabhängige zivile Kieler Wirtschafts- und Hafenpolitik ist, wie vor dem Ersten Weltkrieg, im Keime erstickt
1935 Beschlagnahmung des zivil genutzten Kieler Scheerhafens
1936 Olympische Segelwettbewerbe in und vor Kiel (3.–12.8.)
1936 Howaldt baut das Katapultschiff „Ostmark" als Stützpunkt für den transatlantischen Luftpostverkehr (verkürzt Postzustellung)
1936 Deutsche Werke: Stapellauf des Panzerschiffs (Schlachtschiff) „Gneisenau" (8.12.). Mit Rücksicht auf das deutsch-britische Flottenabkommen vom 18.6. unterdimensionierte Geschütze (offiziell 28, technisch vorbereitet aber 36 Zentimeter, ebenso ein dritter Geschützturm): „Gneisenau" wird wesentlich größer. Beim Stapellauf dringt das Schiff vier Meter in das gegenüber liegende Ufer ein, ohne Schaden zu nehmen. „Gneisenau" gelingt vom 11.–23.2.1942 mit „Scharnhorst" und „Prinz Eugen" Rückführung von Brest (Operation „Cerberus"). In Kiel wird das eingedockte, voll mit Munition beladene Schiff bei einem Luftangriff (26./27.2.1942) schwer getroffen (112 Tote). „Gneisenau" wird nach Gotenhafen geschleppt, am 04.02.1942 außer Dienst gestellt und am 27.3.1945 als Hafensperre versenkt. Polen hebt und verschrottet das Wrack 1951
1937 Deutsche Werke: Stapellauf des Schweren Kreuzers „Blücher" (8.6.). Bei der Invasion Norwegens am 9.4.1940 von der norwegischen Küstenbatterie Oscarsborg vor Oslo mit unterirdischen Torpedos und alten Krupp-Kanonen versenkt
1937 Gründung des Instituts für Meereskunde (heute IFM-GEOMAR) in der Mönkeberger Villa Niemeyer, die im Krieg zerstört wird
1938 Hafenrundfahrt AG wird zu Kieler Verkehrs AG (11.2.)
1938 Germaniawerft: Stapellauf des Schweren Kreuzers „Prinz Eugen" (22.8.). Auslaufen am 18.5.1941 mit dem Schlachtschiff „Bismarck" zur Geleitzugbekämpfung; werden entdeckt und gestellt. „Bismarck" versenkt den Schlachtkreuzer „Hood". „Prinz Eugen" wird nach Brest entlassen. „Bismarck" kann nur noch im Kreis fahren (klemmendes Ruder nach Torpedotreffer) und wird von britischen Flotteneinheiten am 27.5.1941 versenkt. „Prinz Eugen" nimmt 1945 an den Ostkämpfen teil, wegen Brennstoffmangels ab 20.4.1945 bis Kriegsende in Kopenhagen aufgelegt. Das einzige intakt gebliebene deutsche Großkampfschiff geht als Kriegsbeute an die USA. Im Atombomben-Testgebiet Bikini-Atoll am 22.12. 1946 versenkt. Backbordpropeller als Geschenk der US-Navy am Laboer Ehrenmal
1938 Deutsche Werke: Stapellauf des mehrfach weitergebauten, nie fertiggestellten Flugzeugträgers „Graf Zeppelin" (8.12.)

1938 Kiels von den Nationalssozialisten einseitig auf Rüstung umgestellte Industrie boomt (Anschütz, Elac, Hagenuk, Walterwerke, Deutsche Werke, Germania-Werft)

1938 In der „Reichspogromnacht" (9. auf 10.11.) wird die Kieler Synagoge angezündet. 58 jüdische Mitbürger werden verhaftet und im Konzentrationslager (KZ) Sachsenhausen eingesperrt

1939 Gartenstadt Elmenschagen-Nord und -Süd entsteht als bisher größte Kieler Wohnungsbaumaßnahme (Auftraggeber Kriegsmarine). Bau einzelner Blocks und Straßenzüge ab 1943 eingestellt (Material- und Arbeitermangel). Wegen der nahen Flakstellung Heidberg ab 1944 zahlreiche Bombenschäden

1939 NDC verschmilzt am 25.5. mit der Kieler Verkehrs AG – damit 24 Schiffe unter neuer KVAG-Schornsteinmarke und -Flagge

1939 In Kiel sind beheimatet die Kriegsschiffe „Gneisenau", „Scharnhorst", „Nürnberg", „Köln", „Leipzig", „Königsberg", „Karlsruhe" und „Emden" sowie die U-Flottillen „Lohs", „Emsmann", „Weddigen" und „Wegener". Die Stadt ist Sitz des Flottenchefs und des Befehlshabers der Marine-Aufklärungsstreitkräfte

1939 Kriegsmarine beschlagnahmt aufgrund des Reichsleistungsgesetzes bis 1940 zehn KVAG-Fördeschiffe

1939 Schulschiff „Schleswig-Holstein" beschießt am 1.9. ab 4.45 Uhr die polnische Westerplatte – der Zweite Weltkrieg hat begonnen

1940 Kiel am 6.7. als erste frontferne deutsche Stadt bombardiert

1940 Hitler lässt einen „Vergeltungsangriff" auf die mittelenglische Rüstungsstadt Coventry fliegen (14./15.11.), wobei die mittelalterliche Kathedrale zerstört wird (s. auch Seite 137)

1941 Großangriffe am 7. u. 9. auf Kiel (238 Tote) – „Nydamboot" und andere Museumsschätze werden in Sicherheit gebracht.

1942 Kiel hat mit etwa 300.000 die höchste Einwohnerzahl seiner Geschichte, darunter zahlreiche Werft-, Arsenal- und Marineangehörige. Bombardierung auch reiner Wohngebiete lässt die Einwohnerzahl bald sinken (Fortzug der Alten und Mütter mit Kindern in die ländliche Umgebung, Kinderlandverschickung). In Rüstungsbetrieben Dienstverpflichete sind oft ausgebombt, wohnen möbliert, kaserniert oder auf Marine-Wohnschiffen

1943 Stalingrad-Armee kapituliert am 2.2. – resignierende Stimmen aus Kiel in den geheimen SD-„Meldungen aus dem Reich"

1943 „Battle of Kiel": Tagesangriff 60 amerikanischer Bomber auf Gaarden und die Werften (14.5.) – 368 Todesopfer

1943 Altes Rathaus am Markt nach Angriff total zerstört (13.12.)

1944 Schloss nach Bombentreffern zerstört (4.1.) „Persianische Häuser" am Markt durch Brandbomben zerstört (22.5.) Letzte Vorstellung des bereits am 13.12.1943 schwergetroffenen Opernhauses mit der Operette „Wiener Blut" (30.6.). Großangriff von 1200 Bombern (24.7.) – Kiel wird bis Kriegsende mit 90 Angriffen Hauptzielort feindlicher Bomberverbände. Seit Mitte 1942 kaum noch aktive Verteidigung durch Jäger; statt dessen ein Ring von etwa 150 Flaks (Flugabwehrgeschütze), zuletzt von Schülern (Flakhelfern) und Marinehelferinnen bedient

1944 „Arbeitserziehungslager Nordmark" hat rund 5000 Häftlinge. Bis Kriegsende sterben davon bis zu 600 durch Unterversorgung, Krankheit, mangelnde Hygiene und willkürliches Erschießen

1945 Panzerschiff „Admiral Scheer" nach Bombentreffern im Deutsche Werke-Baudock am 9.4. gekentert. Bergung der Buntmetalle noch im Kriege und danach. Bedeckt mit Trümmern und Sand, werden die Schiffsreste später überbaut (Kai-City)

1945 Großadmiral Dönitz nach Hitlers Selbstmord (30.4.) dessen Nachfolger. Dönitz ist bestrebt, Flüchtlinge, Soldaten und Verwundete auf Schiffen vor der Roten Armee in Sicherheit zu bringen. Hauptzielhafen ist Kiel, am Ende Kopenhagen. „Wilhelm Gustloff" (30.1., etwa 6–9000 Tote), „Goya" (16.4., etwa 7000 Tote) und „Steuben" (9.2., etwa 4000 Tote) nehmen nach sowjetischen U-Boot-Angriffen die meisten Opfer mit in die Tiefe. Doch 2 Millionen gelingt von Januar 1945 bis Kriegsende die Flucht auf Schiffen. Beteiligt sind neben in Kiel beheimateten Kriegsschiffen die Reedereien Sartori & Berger („August" und „Rudolf"), Karl Grammerstorf („Corono" und „Bruno Grammerstorf"), Zerssen („Hörnum") sowie indirekt die KVAG mit ihren an die Marine vercharterten Fördeschiffen und Schleppern

1945 Mit Angriffen am 13./14.4. bricht Kiels Luftverteidigung (Flak) zusammen. Abwehr fast nur noch von Kriegsschiffen. Obwohl die Vereinigten Stabschefs die strategische Luftoffensive gegen Deutschland am 16.4. für beendet erklärt haben, wird Kiel bis zum 3. Mai weiter bombardiert, um das Fertigstellen und Auslaufen moderner U-Boote vom Typ XXI und XXIII zu verhindern

1945 Kiel wird am 3.5. zum 90ten und letzten Male – als letzte deutsche Großstadt – bombardiert. Einen Tag später rücken die Engländer in die unverteidigte Stadt ein, die nur noch etwa 150.000 Einwohner hat. Kiel ist zu etwa 75 % zerstört, beklagt am Ende 2835 Todesopfer (größtenteils Zivilisten), darunter etwa 650 Zwangsarbeiter. NSDAP-Oberbürgermeister Behrens wird verhaftet, als Nachfolger Max Emcke eingesetzt

1945 Eine Wrackliste verzeichnet bei Kriegsende rund 240 Wracks im Kieler Hafen, darunter zahlreiche U-Boote: deren Kommandanten hatten den Dönitz-Befehl „Operation Regenbogen" vom 30.4. zur Selbstversenkung befolgt; dessen Widerruf vom 4.5. ließen sie unbeachtet. An großen Wracks liegen im Kieler Hafen: die Passagierschiffe „Monte Oliva" und „New York", die Kriegsschiffe „Emden", „Hipper" und „Admiral Scheer"

1945 Bei Kriegsende sind von 1630 Lokomotiven der Reichsbahndirektion Altona („Räder müssen rollen für den Sieg") weniger als 1 % fahrbereit. Zerschossene Lokomotiven sind bis zu ihrer Verschrottung etwa 1952 südlich der Gablenzbrücke abgestellt

1945 Universitätsbetrieb provisorisch auf vier ehemaligen Marine-Wohnschiffen im Kieler Hafen wiedereröffnet (27.11.). ELAC-Gebäude am Westring werden für geordneten Studienbetrieb mit Hilfe der Engländer baulich vorbereitet

1945 Britische Besatzungsmacht veranstaltet militärintern eine „Kiel Week" (nochmals 1946/47) und nutzt dafür den Olympiahafen von 1936 am Hindenburgufer (heute Sporthafen Düsternbrook)

1945 Theodor Steltzer (CDU) vom britischen Zivilgouverneur als Oberpräsident eingesetzt. Der Widerstandskämpfer wird erster Ministerpräsident Schleswig-Holsteins

1945 Howaldtswerke reparieren fünfzehn verbliebene KVAG-Schiffe. Ab Sommer 1945 annähernd „friedensmäßiger" Linienverkehr auf der Förde und zur Schwentinemündung. Vier Hafendampfer gehen 1946 als Reparationsleistung an die Sowjetunion

1946 Erste Sitzung des neugebildeten, von der britischen Militärregierung eingesetzten Landtags im heutigen Schauspielhaus, dem einzigen geeigneten Raum (26.2.) – Schleswig-Holstein erhält von britischer Militärregierung den Status eines Landes

1946 Ratsversammlung wählt am 11.3. Andreas Gayk (SPD) zum Oberbürgermeister. Gayk verhindert energisch-diplomatisch, mit Kundgebungen vor Zehntausenden sowie Schweigemärschen Werft-Demontagen („... Mord an der Kieler Wirtschaft!"), macht die weitgehend zerstörte Stadt in kurzer Zeit zur bestaufgeräumten aller Besatzungszonen. Weitsichtig beginnt Gayk Kiels Wiederaufbau. Erste Stadtvertretersitzung im Beisein des britischen Gouverneurs Colonel Rose (18.10.)

1947 Schleswig-Holstein ist das Land mit dem höchsten Anteil an Flüchtlingen. Einschließlich „displaced persons" (ehemalige Zwangsarbeiter, Lagerinsassen, Wehrmachtsangehörige) steigt die Bevölkerungszahl bis Ende 1947 von 1,5 Millionen (1939) auf 2,7 Millionen. In Kiel werden sie in über 20 ehem. Kasernen, Baracken- und Nissenhüttenlagern untergebracht, Sinti und Roma in einem Lager an der Kleinbahn in Ost-Gaarden

1947 Hungerwinter: nur Maisbrot und Rüben gibt es reichlich. Engländer führen „Schulspeisung“ ein

1947 Landtagswahl (20.4.) Kiel ist Hauptstadt Schleswig-Holsteins. Schleswig erhält als Ausgleich das Oberlandesgericht. Kiels ehemaliges OLG ist heute Justizministerium (s. Seite 17)

1947 Royal Navy übergibt am 15.09. die Hafenverwaltung an Kiel mit Ausnahme Tirpitz- und Scheerhafen sowie Vossbrook

1948 Erste Kieler Woche nach dem Kriege (18.–21.6.)

1948 Währungsreform (20.6.): 40 DM „Kopfgeld“ pro Einwohner. Eine Bodenreform schafft durch Hekarabgabe von über 500 Großbetrieben Neusiedlerstellen mit genormten Höfen für Bauernfamilien, die als Flüchtlinge ins Land gekommen sind

1948 Auf dem zerstörten Werftgelände von Stocks & Kolbe entsteht der Seefischmarkt (6.3.) mit eigener Trawlerflotte (s.Seite 97), die aber 1970 in der Cuxhavener „Nordsee“-Reederei aufgeht

1948 Hafendampfer „Laboe“ hat den Kriegsdienst überstanden und steht nicht auf der Reparationsliste. Heimliche Rückführung aus Dänemark. Modernisierung bei Howaldt. An der Innengestaltung wird die Kieler Muthesius-Schule beteiligt (Erstfahrt 29.12.). „Laboe“ ist mit 430 BRT für einige Zeit Deutschlands größtes Passagierschiff. 1952 zur Dauercharter nach Dänemark. 1972 als Auflieger in Kopenhagen ausgebrannt und verschrottet

1949 Sprengungen: Germaniawerft (10.3.) und Arsenal (11.3.)

1949 Bundesrepublik Deutschland gegründet (7.9.) – Schl.-Holstein wird selbstregiertes Bundesland mit der Landeshauptstadt Kiel. Die britische Militärregierung löst sich am 21.9. auf

1949 MaK (Nachfolger der Holsteinischen Maschinenbau AG) beschäftigt über 2500 Menschen mit der Instandsetzung von Reichsbahnwaggons. Später folgen Lokomotiv-, Triebwagen- und Schiffsdieselmotorenbau

1950 Wiederaufbau des Kieler Hauptbahnhofs. Erster Besuch eines Bundespräsidenten (Theodor Heuss) in Kiel (18.1.)

1950 Letzte Sprengung am 6.8. – das Ostufer liegt in Trümmern. Besatzungsmacht erlaubt Ansiedlung von Friedensindustrie

1950 Howaldt modernisiert für den griechischen Reeder Aristoteles Onassis und für den norwegischen Reeder Anders Jahre deren Walfangflotten, baut Tanker zu Walfangmutterschiffen um. Schiffbaubestimmungen werden gelockert, dadurch deutsche Werften wieder wettbewerbsfähig. Koreakrise führt zu Neubauaufträgen aus aller Welt, darunter erste Turbinen-Großtanker

1950 Kieler Nobelpreisträger: Otto Diels zusammen mit Kurt Alder (Diels-Alder-Reaktion)

1950 Reederei Paulsen & Ivers eröffnet Schifffahrtslinie Kiel–Korsør mit zu Fähren umgebauten ehem. Minensuchbooten „Harald Ivers“ und „Christian Ivers“ (am 8.9.1952 eingestellt, nachdem seit 1951 Großenbrode–Gedser in Konkurrenz)

1951 Richtfest am 30.4. für die Ostseehalle (heute „Sparkassen-arena“) – im Kern eine ehemalige Flugzeughalle von der Insel Sylt. Eröffnung am 1.3.1952 mit der „NWDR-Schlagerparade“

1952 Kiel hat mit 261.446 Einwohnern den höchsten Nachkriegsstand. Amt Blank (später Verteidigungsministerium) reserviert den umfangreichen Bundesbesitz in Kiel: ein ziviler Hafenausbau ist, wie in der Stadtgeschichte dreimal (!) zuvor, blockiert

1952 Lindenau in Kiel-Friedrichsort liefert den ersten Schiffsneubau nach dem Kriege ab. Die 1919 in Memel gegründete Werft war beim Anrücken der Roten Armee 1945 mitsamt ihrem größten Schwimmdock (2600 to), gezogen vom werfteigenen Schlepper, und den Werftarbeiterfamilien über die Ostsee geflohen. In Kiel-Friedrichsort fand Werftchef Harald Lindenau (1915–2007) eine neue Heimat. Die Lindenau GmbH, Schiffswerft & Maschinenfabrik ist weltweit führend beim Bau von Doppelhüllentankern, sie fertigt auch Spezial-, Forschungs- und Fahrgastschiffe, Schwimmdocks und Schlepper (s. Seiten 54, 93)

1953 Onassis lässt bei Howaldt aus einer ehemaligen kanadischen U-Bootjagd-Korvette seine berühmte Yacht „Christina“ bauen. Bundesbahn-Fährschiff „Deutschland“ (Großenbrode–Gedser) wird abgeliefert. Vertrag über 24 Fischerei-Fabrikschiffe für die UdSSR (Ablieferung 1955). Howaldt setzt sich erstmalig an die Spitze aller deutschen und europäischen Werften

1953 Holstenstraße von 1525 ist erste verkehrsfreie Fußgängerstraße Deutschlands (12.12.) – durchgängig fertig am 1.11.1956

1954 Kleinbahnen Kiel–Schönberg sowie Kiel–Segeberg enden wieder im Hauptbahnhof (1.7.)

1955 Letzte Kieler Kriegsgefangene zurückgekehrt. Weihnachten Eröffnung der neu gestalteten Bahnhofs-Eingangshalle. Ehemalige fürstliche Repräsentationsräume und der Kaisereingang werden zu Warteräumen (3 Klassen) und Restaurants

1955 Bis 35 Zentimeter Eis bedeckt den Hafen (10.2.–05.3.)

1955 Howaldtswerke (HDW) übernehmen Deutsche Werke (1.7.)

1956 33.000 Metallarbeiter in Schleswig-Holstein beginnen den längsten deutschen Metallarbeiterstreik (24.10.1956 bis 15.2.1957). Ihre Forderung nach verlängerter Zahlung von Krankengeld von 26 auf 78 Wochen wird 1961 Bundesgesetz

1956 Kiel zum dritten Male in seiner Geschichte Marinestützpunkt (Aufstellungsbefehl Marine vom 23.4.) – die Stadt wird größter deutscher Standort für schwimmende Einheiten

1957 Kieler Schloss neu erbaut. Im Westflügel (Pelli-Bau) seit 1967 Gemäldesammlung der Stiftung Pommern (2000 an das Pommersche Landesmuseum Greifswald abgegeben)

1957 Letzte Paketpost-Zustellung mit Pferdegespannen (30.3.)

1959 Typschiff „Schilksee“ als Nachfolger der alten KVAG-Hafendampfer bei der Krögerwerft in Rendsburg gebaut (Erstfahrt 12.7.) – nur noch zwei Mann Besatzung. Bis 1968 werden sieben dieser „Wasseromnibusse“ gebaut (s. Seite 52)

1961 KVAG bringt ein 1959 gebautes 1000-BRT-Passagierschiff als Repräsentations- und Ausflugsschiff unter dem Namen „Tom Kyle“ in Fahrt. Prominente Fahrgäste u.a. der Bundespräsident, Prinz Philipp und Felicia Weathers, die an Kiels Opernbühne ihre Weltkarriere startet. Verkauf des Schiffes am 1.10.1976

1961 Oslo-Kai eingeweiht. Reeder Anders Jahre eröffnet am 24.4. mit dem Howaldt-Neubau „Kronprins Harald“ die Fährlinie Kiel–Oslo. 1964, 1969 und 1986–88 wird der Oslokai erweitert. Neben „Kronprins Harald“ (II) wird 1965 als zweite Fähre „Prinsesse Ragnhild“ eingesetzt; beide später durch größere, gleichnamige Neubauten ersetzt. Dänemark-Linien ab Oslo-Kai nach Korsør, Bagenkop und Nakskov werden wieder eingestellt (neue Zollbestimmungen, zunehmende Motorisierung)

1961 Kleinbahn AG Kiel–Segeberg legt nach Eröffnung der B 404 Bahnstrecke still (31.12.)

1963 Mettenhof eingemeindet – Richtfest für Wohngebiet (26.10.)

1964 Atomfrachter „Otto Hahn“ läuft bei den Howaldtswerken in Kiel vom Stapel. Übergabefahrt am 11.10.1968. Dem weltweit dritten mit Kernantrieb für friedliche Zwecke gebauten Schiff wird aber in vielen Häfen das Anlegen verboten

1965 Schl.-Holsteinisches Freilichtmuseum Molfsee eröffnet (19.06.)

1965 Schlossneubau (Architekt Sprotte und Naeve) und Konzertsaal anlässlich der 300-Jahr-Feier der CAU eingeweiht (19.6.)

1967 Reeder Sten A. Olsson (Stena-Line) eröffnet Linie Kiel-Göteborg (25.4.) Heute verkehren die Jumbo-Fähren „Stena Germanica“ und „Stena Scandinavica“ ab Schwedenkai im Stadtzentrum

1967 Leuchtturm Kiel (5.7.) ersetzt Feuerschiff Kiel von 1906. Original-Laternenträger vor dem Kieler Schifffahrts-Museum

1970 Eingemeindungen: Russee, Meimersdorf, Wellsee, Moorsee, Rönne und ein Teilgebiet von Suchsdorf, das bereits zu Kiel gehört – ein Flächenzuwachs von fast 25 %

1970 Richtfest im Olympiazentrum Kiel-Schilksee (29.10.)

KIEL *CHRONIK*

1970 Gemeinschaftskohlekraftwerk Kiel (GKK) am Netz: mit 360 MW das leistungsstärkste in Schleswig-Holstein (Neubau geplant)
1972 U-995 auf dem Strand vor dem Laboer Ehrenmal als technisches Mahnmal aufgestellt (einziges in Europa erhaltenes, noch im Zweiten Weltkrieg aktives U-Boot vom berühmten Typ VII C)
1972 Freigabe des Autobahnteilstücks A215 Blumenthal–Kiel (4.8.)
1972 Einweihung des umgestalteten Alten Marktes (2.9.)
1972 Olympische Segelwettbewerbe in Kiel (27.8.–3.9.) – nach 1936 ist Kiel zum zweiten Mal Gastgeber der weltbesten Segler aus 42 Nationen. Kiel setzte sich gegen Lübeck-Travemünde durch, dem massive Hamburger Unterstützung (Presse und NRV) nichts half: entschieden haben Fakten und Fachleute
1972 Erste große Windjammerparade (3.9.)
1973 Berthold Beitz „Gerechter unter den Völkern" in der israelischen Gedenkstätte Yad Vashem (Beitz wird 2003 Kieler Ehrenbürger)
1974 Kieler Umschlag als Volksfest neu enstanden (31.1.–2.2.)
1974 Kiellinie eröffnet. Seepromenade von der Innenstadt bis zum Marinehafen in der Wik. Seither mit der „Spiellinie an der Kiellinie" für Kinder und dem „Camp 24|sieben" für Nachwuchssegler und Schulklassen einzigartig in Deutschland
1975 Schienenverkehr Schönberg-Schönberger Strand eingestellt (31.5.) – VVM pachtet die Strecke und erwirbt alte Fahrzeuge, darunter Kieler Straßenbahnen – erster Museumszug fährt 1976
1975 HDW-Portalkräne fertig – der größte (900 t Tragfähigkeit) überspannt mit Dock 8a eines der mächtigsten Trockendocks der Welt (425 x 88 m) für Superschiffe bis 700.000 tdw
1978 Schneekatastrophe (28.12.–6.1.1979) – Hochwasser, Stromausfälle, der Schiffsverkehr kommt zum Erliegen
1978 Beginn des Kreuzfahrtbooms: 25 Kreuzfahrtschiffe laufen Kiel an, darunter die Klassiker „Europa" und „Leonardo da Vinci"
1978 Schifffahrtsmuseum eröffnet (30.4.)
1981 Personen-Schienenverkehr Kiel–Schönberg eingestellt (19.1.)
1983 Polnisches Theater in Kiel gegründet (Düppelstraße)
1984 Theater Die Komödianten gegründet (Wilhelminenstraße) 4.6.
1985 Howaldt verkauft Dietrichsdorfer Werksgelände an die Stadt. Dort entsteht ab 2002 der Ostuferhafen. Die Werft bezieht in Gaarden das ehemalige Deutsche Werke-Gelände und macht es zum modernsten Werftenstandort Deutschlands
1986 R.SH in Kiel als erstes privates Radioprogramm Deutschlands auf Sendung (1.7.)
1988 Einkaufszentrum „Sophienhof" am Bahnhof eröffnet (3.3.) Heute eine der attraktivsten und umsatzstärksten „Shoppingmeilen" Deutschlands
1990 Jahre Line und Norway Line fusionieren zur Color Line
1990 Erster Tag der Deutschen Einheit (3.10.)
1994 Hafendampfer „Stadt Kiel" (Stapellauf 26.5.1934) wieder in Fahrt. Bewegte Geschichte: versenkt durch Bombentreffer am 14.5.1943 im Kieler Hafen. Nach dem Krieg gehoben, überholt und mit verlängertem Schiffrumpf ab September 1946 wieder im Dienst; 1954 Einbau eines MaK-Dieselmotors. Stilllegung 1976. Von 1986–1990 Sanierung des Schiffes durch ABM des Vereins „Jugend in Arbeit" in Hamburg. Übernahme durch den Förderverein „M/S Stadt Kiel e.V." (gegr. 27.2.1983) Am 2.7.1994 erste Schiffstrauung. Gästefahrten über Touristinformation Kiel. Liegeplatz: Museumshafen am Seegarten
1996 Seehafen Kiel GmbH & Co KG gegründet aus dem vormals städtischen Eigenbetrieb „Hafen- und Verkehrsbetriebe der Landeshauptstadt Kiel" (HVB) von 1941
1997 Norwegenkai fertig. Freigabe der „Dreifeld-Zug-Klappbrücke" über die Hörn (verbindet Gaarden und den Norwegenkai mit Hauptbahnhof und Sophienhof)
1998 Howaldt liefert das Fernseh-Traumschiff „Deutschland" an den Neustädter Reeder Peter Deilmann ab
2000 Seitenraddampfer „Freya" (Baujahr 1905) der Sylter Reederei Adler ab Kiel für Kanal- und Gesellschaftsfahrten in Fahrt
2002 Erste Ausbaustufe des Ostuferhafens mit Ro/Ro-Terminal fertig. Linien ins Baltikum
2002 Zieleinlauf des Volvo-Ocean-Race vor 150.000 Zuschauern und hunderten Begleitbooten in Kiel (9.6.) – Gesamtsieger „Illbruck" (Deutschland) mit Skipper John Kostecki (USA)
2003 Angelika Volquartz (CDU) wird als erste Frau Oberbürgermeisterin der Landeshauptstadt. Berthold Beitz Ehrenbürger
2004 Rollstuhl-Hersteller Ortopedia schließt Kieler Stammwerk (30.6.) – Seehafen Kiel erwirbt das Gelände für Gewerbeansiedlung
2004 Color Line setzt mit „Color Fantasy" (75.027 BRZ) das zu dieser Zeit größte Kreuzfahrtschiff mit Autodeck der Welt auf der Route Kiel–Oslo ein. 2007 folgt Schwesterschiff „Color Magic"
2005 HDW, Blohm + Voss und Nordseewerke Emden seit 1.1. im Werftenverbund „Thyssen-Krupp Marine Systems AG"
2005 Erste Kieler Theaternacht (23.4.) mit den acht Kieler Häusern
2006 Einheitsfeier (3.10.) lockt 500.000 Besucher nach Kiel
2006 Rammschlag für neuen Ostseekai für Kreuzfahrtschiffe (29.9.) Bis zu 305 Meter lange Liegeplätze nehmen auch die größten (über 100.000 BRZ) Kreuzfahrtschiffe der Welt auf
2006 CITTI-Park Kiel am Autobahnanschluss Kiel eröffnet – größtes Einkaufszentrum des Landes (Nähe IKEA). 80 Geschäfte und 35.000 qm Verkaufsfläche, eigene Bus- und Bahnverbindung
2006 Kiel ist Europameister des Wettbewerbs „Entente Florale"
2007 125. Kieler Woche. Alljährlich größte und bedeutendste Segelsportveranstaltung der Welt, Nordeuropas besucherstärkstes Volks- und Hafenfest (jährlich um 3 Millionen Besucher)
2007 THW Kiel als erster Deutscher Handball-Verein „Triple-Sieger": Deutscher Meister, Deutscher Pokalsieger, Champions-Trophy-Sieger, außerdem Supercup-Sieger
2008 Erstes maritimes Landesfest zu Wasser und zu Lande: „Kiel unter Volldampf" (6.–7.7.)
2008 Kiel Baltic Hurricanes (Spielstätte Holstein-Stadtion): erster GFL-Nordtitel (30.8.), zweiter der German Bowl 2008
2008 Kiel wächst weiter: 234.267 Menschen leben hier
2009 Business- und Seminaranbau macht Sparkassen-Arena zu Norddeutschlands modernster Großhalle: Heimstatt des THW Kiel und erste Adresse für Events nördlich der Elbe mit Publikums-Einzugsgebiet Schleswig-Holstein und Hamburg
2009 Seehafen Kiel setzt im Ostuferhafen 100-t-Hafenmobilkran ein
2009 Eröffnung des Computermuseums an der FH Kiel
2009 Eröffnung der „Germania-Arkaden" auf dem Hörn-Gelände
2010 OP-Zentrum auf dem Kieler Campus des UK S-H eröffnet
2011 Maritimes Science-Center auf dem Hörngelände eröffnet
2011 100 Jahre „Kaisereingang" am Kieler Hauptbahnhof
2011 100. Laboer Hafengeburtstag
2012 130. Kieler Woche *(alle Einträge ab 2010 sind Vorschau)*

LITERATUR

Edmund Hoefer, Küstenfahrten a. d. Nord- u. Ostsee, Stuttgart 1881
Walther Trede, Heimatkunde des Kreises Plön, Plön 1928
Div. Autoren, Kleine Schleswig-Holstein-Bücher, Heide 1955-59
Alfred Kamphausen, Schl.-H. Städte einst und jetzt, Kiel 1970
Hedwig Sievert, Kieler Ereignisse, Kiel 1973
Hedwig Sievert, Kiel einst und jetzt, Kiel 1975
Bruno Bock, Grüne, Blaue, Schwarze, Weiße Dampfer, Herford 1978
Alexander Rost, 100 Jahre Kieler Woche, Bielefeld 1982
Jürgen Jensen u. Peter Wulf, Geschichte der Stadt Kiel, Neum. 1991
Dieter J. Mehlhorn, Architekturführer Kiel, Berlin 1997